novum pro

MARCO FISCHER

# CHAOS

novum pro

Bibliografische Information
der Deutschen Nationalbibliothek:

Die Deutsche Nationalbibliothek
verzeichnet diese Publikation in
der Deutschen Nationalbibliografie.
Detaillierte bibliografische Daten
sind im Internet über
http://www.d-nb.de abrufbar.



Gedruckt in der Europäischen Union
auf umweltfreundlichem, chlor- und
säurefrei gebleichtem Papier.



ISBN 978-3-99146-486-0
Lektorat: Lukas Wienerroither
Umschlagfotos:
Vadymvdrobot, Vladimirdreams,
Maximmmmum | Dreamstime.com
Umschlaggestaltung, Layout & Satz:
novum Verlag

**www.novumverlag.com**

Druckprodukt mit finanziellem
Klimabeitrag
ClimatePartner.com/16547-2311-1001

# Inhaltsverzeichnis

# 1 Ein paar Worte zu mir

Es ist nicht leicht, sich irgendwie „kurz“ vorzustellen. Es ist auch nicht leicht, sich in ein paar Worten kurz zu fassen. In meinem Kopf fängt es an zu rattern. Wie stelle ich mich am besten vor? Wie kann ich in kurzen Sätzen ein paar Worte von mir erzählen?

In meinem Kopf ist gerade ein komplettes und völliges Durcheinander. Gebe ich genügend Informationen von mir preis? Ist es zu kurz? Klingt es eventuell arrogant? Unglaubhaft? Oder klingt es zu selbstverliebt? Ist es vielleicht doch eine Art Perfektion? Eine Art Perfektion, damit es gut, ausführlich und informativ klingt? Ich weiß es nicht. Normalerweise reichen mein Name, mein Alter und meine Hobbys doch vollkommen aus. Das kenne ich so noch von der Schule.

Kennt doch im Endeffekt jeder. Ich habe gerade eine komplette Blockade im Kopf. Trotzdem beginne ich mal langsam mit meinen Sätzen.

Ich bin Marco, wurde am 16.03.2000 in Bietigheim-Bissingen geboren. Der Ort liegt ca. fünfundzwanzig Kilometer von Stuttgart entfernt. Ich bin gelernter Kaufmann im Einzelhandel. In meiner freien Zeit mache ich gerne Sport. Am liebsten Fußballspielen, Joggen, ab und zu Krafttraining, Boxen und vieles weitere. Sportlich gesehen mache ich einiges gerne, nur Wintersport und Turnen sind überhaupt nicht mein Ding. Ebenfalls in meiner freien Zeit höre ich sehr gerne Musik. Ohne Musik in den Ohren geht überhaupt nichts bei mir.

Von Deutschrap, Charts, Latin, Rock und Pop ist alles mit dabei. Besonders gerne höre ich den Deutschrapper Kontra K. Reisen in meiner freien Zeit ist auch etwas ganz Großartiges. Ich liebe es, in anderen Städten und Ländern zu sein. Leider hatte ich bis jetzt sehr wenig Möglichkeiten, die Welt weiter zu erkunden. Aktuell ist Kroatien mein Lieblingsreiseziel. Des Weiteren treffe ich mich in meiner freien Zeit mit Freunden. Hier und da nette, lustige und tolle Gespräche führen, sowie schöne

Momente zu sammeln. Dazu genüsslich einen Espresso trinken und einfach Aktivitäten nachholen, die jahrelang nur Träume waren. Gleichzeitig auch Aktivitäten für mich neu zu entdecken, auszuprobieren und Spaß zu haben. Genau mein Ding!

Ach ja, das habe ich fast vergessen. Ich liebe Hunde, Kinder, Geschwindigkeit, Adrenalin und habe nebenbei eine Schwäche für Tattoos.

Schon hier in den Sätzen fällt es mir nicht leicht, etwas von mir Preis zu geben. Daher jetzt kurz eine Mini-Zusammenfassung. Papa ist ein stolzer Italiener, Mama Deutsche, ich habe einen fünf Jahre jüngeren wunderbaren Bruder. Wozu ich noch sagen muss, dass ich von Daddys Seite noch zwei Geschwister habe. Und ich habe liebevolle Großeltern. Trotz meiner Lese- und Rechtschreibschwäche habe ich außerdem zwei Schulabschlüsse sowie eine abgeschlossene Berufsausbildung. Natürlich hat oder muss eine Lese- und Rechtschreibschwäche keine großen Auswirkungen auf schulische Leistungen haben.

Dieses Thema wird im Laufe des Buches noch mal aufkommen. Sportlich war ich im Laufe meines Lebens auch schon recht erfolgreich. Das mag jetzt alles vielleicht schön klingen und passt gerade kein Prozent zum Buchtitel. Dennoch war nicht alles leicht, mit Lebensfreude verbunden und schön. Geschweige denn harmonisch wie jetzt. Es liegen Jahre mit schweren Erlebnissen, Niederschlägen und Perspektivlosigkeiten dazwischen. Schon bemerkt, dass ich meinen Nachnamen nicht erwähnt habe?

In meinem Leben gab es sehr viel Trauer, Tränen, Unglaubwürdigkeit, Mobbing, Gewalt und einiges mehr, das ich noch aufzählen könnte. Mal kurz ein paar Sätze zwischendurch. Zum Thema „von sich etwas Preis geben". Niemand! Aber auch wirklich niemand auf dieser Welt muss von sich alles erzählen oder von sich etwas preisgeben.

Kein Mensch auf dieser Welt ist dazu gezwungen, sein Leben oder was auch immer ins Detail zu erzählen. Heutzutage sehen das viele in der Gesellschaft anders. Viele wollen, dass du am besten alles von dir preisgibst. Alles erzählst. Am besten erzählst du noch das genaue Datum, die genaue Jahreszeit und übertrieben gesagt die genaue Uhrzeit. Wenn Betroffene sich allerdings davon abgrenzen wollen, dann wird das leider oft kritisiert oder man wird gegebenenfalls als Lügner, Erfinder und sogar als Aufmerksamkeitsgestörter verurteilt. Ich weiß, wovon ich spreche. Ich weiß, wie sich das innerlich anfühlt und auch, wie es hinter dem Rücken Stiche hagelt. Wir in der Gesellschaft müssen lernen zu akzeptieren und müssen lernen zu verstehen. Anstatt immer mehr zu wollen.

Einfach akzeptieren und lernen, dass gewisse Situationen im Leben nicht leicht zu erzählen sind. Jeder von uns möchte doch nur sein begrenztes Leben leben. Denn die Zeit läuft gegen uns alle. Es gibt einige dort draußen, inklusive mir, die wissen, wie hart es sein kann, schwere Ereignisse und Erlebnisse erlebt zu haben und damit leben zu müssen. Gleichzeitig braucht es Zeit und vor allem Vertrauen darüber zu sprechen, sowie im Alltag damit umzugehen. Eine einzige Therapie oder auch kurz vertrauliche Gespräche reichen dazu niemals aus. Ganz im Gegenteil. Es ist ein Lernprozess, damit umzugehen. Ein Lernprozess auf Zeit. Eine Zeit, die einem die Kraft raubt.

# 2 Warum Chaos?

Chaos = Durcheinander, kein Durchblick, etc.

Eigentlich ist das Wort „Chaos“ ein sehr bekanntes Wort. Es lässt sich in zahlreiche Ereignisse und Situationen einordnen. Dennoch habe ich einige Beispiele parat:

- „Momentan ist die Situation auf der Arbeit ein komplettes Chaos.“
- „Zurzeit sind die Baustellen in vielen Gebieten ein Chaos.“
- „Die Deutsche Bahn ist heute wieder ein totales Chaos.“

Keine Sorge, es geht im Buch weder um Baustellen noch um die Deutsche Bahn. Hier geht es um meine persönlichen Gefühle, Emotionen, Gedanken, Entscheidungen und Taten. Ein Chaos, das meinen Kopf und meine Handlungen jahrelang kontrolliert hat. Ein Chaos, das mich stark gemacht hat, aber mich auch sehr schwach gemacht hat. Ein Chaos, das mir hier und da den Weg zeigte, aber das mir auch die geschlossenen Türen in einer Zelle ins Gesicht hielt und mich gequält hat. Wie im Gefängnis, bloß ohne jegliche Straftaten. Ein Chaos eben.

# 3 Trauer und Tränen

- Ich werde traurig, wenn ich scheitere.
- Ich werde traurig, wenn ich mir etwas vorgenommen habe und das dann nicht umsetzen kann.
- Ich werde traurig, wenn ich mir Mühe gebe, aber daraus nichts wird.
- Ich werde traurig, wenn ich meine Leistung und mein Können nicht abrufen kann.
- Ich werde traurig, wenn ich spontan Freunden absage aus Scham.
- Ich werde traurig, wenn mir nichts zugetraut wird.
- Ich werde traurig, wenn ich ohne jegliche Absicht einen Fehler mache.
- Ich werde traurig, wenn ich in Fressattacken verfalle.
- Ich werde traurig, wenn ich am Telefon nicht „nett" behandelt werde.

Der ganze Mist begleitet mich seit klein auf und es scheint bis heute kein Ende zu geben. Es fing alles mit meinem Stiefvater an. Sein Nachname ist auch mein Nachname. Ich bekomme schon einen Brechreiz, wenn ich meinen Nachnamen lese oder auch nur höre. Gleichzeitig schäme ich mich für meinen Nachnamen. Es steckt einfach nichts Italienisches dahinter und dieser Nachname trägt so viel Wucht an Gewalt mit sich. Bis heute war dafür keine einzige Therapie ausreichend und selbst ein Gerichtsprozess brachte keine Ruhe in mein Leben. Keiner glaubte mir, diese schrecklichen Taten erlebt zu haben. Mal ehrlich ... Wer erfindet eine Vergewaltigung? Wer erfindet eine Vergewaltigung, die jahrelang stattgefunden hat?

Wer erfindet eine Vergewaltigung, die im Kindesalter stattgefunden hat? Kann mir das bitte jemand erklären?

Somit ist und bleibt er bis heute unbestraft und auf freien Fuß. Dafür darf ich mit den ganzen Konsequenzen leben, die mir noch einige Probleme bereiten werden, von denen ich jahrelang kein Stück wahrgenommen habe. Soviel zum Thema Fantasiewelt und eine rein erfundene Geschichte. Genau dies war das Urteil des Gerichtsprozesses vor einigen Jahren.

Mein leiblicher Vater hatte davon keine Ahnung, was mir angetan wurde und er weiß es bis heute auch nicht. Mein Vater war in meinem ganzen Leben kein Zentimeter für mich da. Er hat sich lieber mit Alkohol zugeballert, anstatt sich zu erkundigen, wie es seinem eigenen Sohn geht. Jetzt lebt er in Italien und dies bleibt nicht unbegründet. Anstatt für seine Taten gerade zu stehen, versteckt er sich in seinem Loch und kann dabei nicht ehrlich zu sich selbst sein. Natürlich vermisse ich meinen Vater und habe auch entsprechend in den letzten Jahren den Kontakt gesucht. Meine Suche war erfolgreich. Wir haben auch für einige Wochen den Kontakt halten können. Das Verhältnis zwischen uns war ein Auf und Ab. Es gab auch immer mal wieder Wochen und Monate, wo kein Kontakt zwischen mir und meinem Vater stammte. Mittlerweile ist der Kontakt endgültig beendet. Der Kontakt zu meinem Vater hat mir nicht gutgetan. Wir haben über viele Themen geredet, dabei versprach er mir Dinge, die im Nachhinein reine Lügen waren. Schon damals konnte er sein Versprechen nie einhalten.

**„Verspreche niemals etwas, wenn du weißt, dass du dein Versprechen nicht einhalten kannst!"**

Es ist traurig. Traurig, dass er für seinen Alkohol gelebt hat und sich wegen seiner Geldschulden versteckt hat. So hart das jetzt auch klingen mag, mein Vater hat sich keine Mühe gemacht, um mich zu sehen, meine Stimme zu hören und in brennenden Situationen mir zu helfen. Ich hätte so viel mit ihm nachholen können. Es versetzt mich in Trauer, wenn Väter mit ihren Söhnen wundervolle Momente miteinander haben. Am Wochenende zu zweit ins Stadion gehen, etwas Handwerkliches bauen oder zusammen eine Runde zocken und nebenbei Pizza inhalieren. Diese Momente hätte ich gerne erlebt, um mich später im Leben glücklich an das zurückerinnern zu können. Das gibt mir ein Gefühl, nichts wert zu sein. Als hätte ich keinen Vater verdient. Als hätte das Leben dies vorausgesehen. Dennoch gebe ich meine Hoffnung noch nicht auf, eines Tages einen Pflegepapa zu bekommen. Ich wünsche mir das so sehr und leider bin ich bis heute ohne jeglichen Erfolg unterwegs.

Jetzt bin ich vom Thema abgewichen, oder?

Für meinen Stiefvater war ich ein Objekt, ein Boxsack und ein lebendiges nichts könnendes Ding. Im Endeffekt = Ein Objekt. Seine Schläge waren Donner. Es waren Schläge, die mich von Kopf bis Fuß auf mich einprasselten. Tränen, die er ignorierte. Schmerzen, die er ignorierte. Schmerzen, die meinen Körper lila, blau und grün färbten. Tage, an denen das Sitzen eine Herausforderung war. Täglich hagelte es Schläge. Seine Hand war wie Beton und der Kochlöffel, den er schwang, war wie ein dicker Felsen, der abbrach und auf meine zarte Haut einschlug. Täglich Bestrafungen für das, was für ihn nicht gut genug war, was ihm nicht gepasst hat, wenn etwas nicht nach seiner Nase lief. Wenn ich versuchte, mich zu wehren, dann war der Ärger groß. Habe ich mit Fehlern vorgelesen, wurde es schmerzhaft. Da es für mich bald in die Schule ging, übten wir schon das Lesen. Nach seinen Vorstellungen hätte ich wie ein Profi lesen müssen. Habe ich nicht an seiner Zigarette gezogen, dann wurde es schmerzhaft. Habe ich mich nicht an seine Regeln gehalten, wurde es ebenfalls schmerzhaft. Habe ich seine Lust nicht gestillt, wurde es schmerzhaft. War ich beim Mittagessen oder Abendessen satt, musste ich so lange sitzen bleiben, bis mein Teller leer war. Ansonsten drohten mir Hausarrest und Fernsehverbot.

Und meine Mama?

Na, sie hatte davon keine Ahnung.

Es sind schlimme Dinge passiert, von denen Mama nichts wissen durfte. Mein Stiefvater drohte mir tief, falls ich nur einen einzigen Mucks Mama erzähle. Würde ich auch nur einen Buchstaben sagen, dann würde er mein Leben noch mehr zur Hölle machen. Also schwieg ich. Ich schwieg jahrelang, bis zum einem Zeitpunkt, wo sich Mama endlich von ihm trennte und sie mir diese Frage stellte: „Hat er dir etwas angetan?“

Auch zu dieser Zeit wusste ich nicht, wie sich die ganzen schlimmen Erfahrungen später auf meine Zukunft auswirken würden. Es waren drei Jahre mit intensiver Gewalt, seine Befriedigung, wenn er Lust hatte, seine niederwertigen Wörter wie: „Was bist du für ein Kind?“, „Du kannst nichts“, „Aus dir wird gar nichts“, „Du übst das so lange, bis du das kannst“ und dabei seinen dreckigen Charakter werden mir wohl nicht viel antun können. Schließlich war ich noch sehr jung und stand noch vor sehr großen Entwicklungen. Aber irgendwie hatte das Leben mit dem Finger immer auf mich gezeigt. Nicht nur mein Stiefvater war voller „Hass?“.

Kann ich es Hass nennen, wenn jemand so mit einem Menschen umgeht?

Ich denke, da hat jeder sein eigenes Wort dafür. Für meinen Teil nenne ich es Hass. Wie konnte ich als ruhige, liebevolle und freundliche Person so viel Müll erleben?

Selbst in der Schule flogen Wörter, Sätze, Gelächter und auch Fäuste in meinem Leben ein. Ich war insgesamt zwölf Jahre in der Schule. Davon waren ca. neun Jahre eine schwierige Zeit für mich. Der Unterricht war jedes Mal eine Qual. Habe ich falsche Antworten gegeben, dann brach die Klasse in Gelächter aus. Vor allem waren das die ersten zwei Schuljahre, in denen mich dieses Gelächter heimsuchte. Im Sportunterricht war das Gelächter ebenfalls ein A und O. Da ich in den ersten zwei Schuljahren nicht besonders körperlich fit war, war einiges schon vorprogrammiert. Zum Glück hat sich das in den Jahren schnell gelegt und es ging auch weiter sportlich bergauf. Zumindest im Sportunterricht hat das Gelächter „schnell“ ein Ende gefunden. Dagegen waren meine schulischen Leistungen eine reine Katastrophe. Ich brach sehr oft in Tränen aus, meist auch ganz heimlich. Eine Lese- und Rechtschreibschwäche kam auch noch dazu. Mathematik? Bloß weg damit. Ich war eine richtige Niete in Mathematik. Um meine Lese- und Rechtschreibschwäche zu verbessern, musste ich für einige Monate in eine andere Schule gehen. Gemischte Gefühle, Unsicherheit und Ängste durchflogen meinen ganzen Körper. Natürlich hat diese kleine Veränderung meine Klasse mitbekommen. Einige machten sich darüber lustig und einige schwiegen still vor sich hin.

## „So ein Versager.“
## „Aus dem wird gar nichts!“

Bei wem macht es Klick?

Hat sich etwa die kleine „Quatsch-Truppe“ spontan Kontakte hergeben lassen, um meinem Stiefvater näher zu kommen?

Also sich heimlich mit meinem Stievater sich getroffen um sich Auszutauschen, was mir wehtut?

Diese Vermutung ist definitiv nicht richtig, denn niemand wusste über meinen Stiefvater Bescheid. In den Monaten, in denen ich in eine andere Schule ging, bemerkte ich hier und da, wie der innerliche Frust mich leicht zerbrach. Beim Lernen machte ich oft Fehler und manche Übungen wurden nicht korrekt erledigt. Das deprimierte mich, ließ mich weinen und die Sätze, die mir mal gesagt worden waren, kontrollierten meinen Kopf. Es war ein Auf und Ab. Ein Auf und Ab meiner Gefühle. Ich war lernwillig und wollte dringend eine Verbesserung meiner Rechtschreibung. Ich wollte es. Ich gab mir jeden Tag Mühe. Passierten dennoch Fehler, schob es mich in die Stille zurück. Das Melden im Unterricht traute ich mir aus Angst auch nicht mehr. Meine Angst war zu groß, um ausgelacht zu werden. Das Selbstvertrauen zu mir selbst habe ich vollkommen verloren. Doch in dieser Klasse, wo alle die Lese- und Rechtschreibschwäche hatten, gab es niemanden, der nur ein einziges Lachen von sich gab. Mobbing? Fehlanzeige. Gab es wirklich nicht. Oft dachte ich darüber nach, ob meine Mitschüler und Mitschülerinnen in ihrer eigenen Klasse auch so fertig gemacht wurden. Gleichzeitig konnte ich aber spüren, dass alle eine Unsicherheit mit sich trugen. Ich war also nicht allein und das fand ich sehr toll. Auch dieses respektvolle Miteinander war immer das, was sich jeder von uns wünscht. Die Lehrerin mochte ich sehr. Irgendwie konnte sie spüren, wie schwer es mir fiel, bei gemeinsamen Aufgaben zu antworten. Oft rief sie mich einfach so auf und gleichzeitig sprach sie mir Mut zu. Mir wurde dabei immer heiß, schlecht und unwohl. Ich war auch panisch, schüchtern und ängstlich. Dennoch schaffte ich es oft, über meinen Schatten zu springen und ihr die richtigen

Antworten zu geben. Waren aber doch noch falsche Antworten dabei, dann wurden meine Augen feucht und ich weinte auch mal mitten im Unterricht. Das Selbstvertrauen wurde somit wieder in eine Zelle eingeschlossen. Es machten sich allerdings Verbesserungen sichtbar. Beim Lesen wurde ich immer besser und selbst meine Rechtschreibung war in Ordnung. Ich erinnere mich leider nicht mehr, wie lang ich in dieser Schule war, aber es ging nach den absolvierten Monaten wieder zurück in die alte Klasse und Schule. Mit voller Energie und Motivation ging ich meinen „alten" Alltag wieder an. Mein Kopf dagegen spielte ein wenig verrückt. Angst und Ungewissheit machten sich breit. Zurecht, denn es hatte sich nichts geändert.

**„Mal schauen, ob du jetzt schlauer bist."**

Nette Begrüßung. Beim ersten Sportunterricht wäre ich am liebsten geflüchtet.

**„Irgendwie hat er abgenommen. Mal schauen, ob er jetzt auch schneller rennt."**

Das waren verbale Backpfeifen ins Gesicht. Eine tiefe Trauer spürte ich in meinem Körper. Tränen liefen über meine Wangen und ich fühlte mich leer. Oft saß ich irgendwo in einer Ecke und weinte. Die ersten zwei Schuljahre waren nicht schön. Die Lehrer und Lehrerinnen haben mich auch nicht wirklich ernst genommen. Gleichzeitig hatte ich kaum den Mut, etwas zu sagen…

Und Freunde?

Na, ich hatte so gut wie keine Freunde. Ich hatte eine gute Bekanntschaft mit einem Mädchen. Wir waren Nachbarn. Es gab mal ein paar Treffen, bei denen wir spielten, mehr dann auch nicht. In der Ganztagsbetreuung spielte ich so gut nur mit einer Erzieherin oder beschäftigte mich selbst. Selbst Tischkicker spielte ich oft alleine. Yu-Gi-Oh! Karten waren für mich völlig uninteressant, also wurde ich schnell wieder zum Außenseiter. Meine ehemalige allerbeste Freundin sah ich fast jeden Freitag. Wir kannten uns seit der Geburt. Wir waren wie Geschwister. Wir spielten zusammen verschiedene Spiele, hörten ihre Musik-Playlist im Kinderzimmer, bauten Höhlen und vieles weitere. Wir waren sogar zusammen bei DRLG und lernten gemeinsam schwimmen. Einfach unzertrennlich. Doch auch dort gab es schwere Momente für mich. Beim gemeinsamen Essen durfte keiner einen Ton von sich geben, wenn doch jemand das Gespräch suchte, dann wurde es kurz unruhig. Das tut mir gerade echt weh zu schreiben, weil, wenn schon eine Möglichkeit besteht, gemeinsam an einem Tisch zu sitzen, das Abendessen zu genießen und dabei miteinander ins Gespräch zu kommen, aber es anscheinend verboten war, am Tisch zu reden, dann habe ich ehrlich gesagt keine Worte mehr dafür. Schließlich wussten wir ja damals nicht, dass unsere Smartphones heutzutage die Gespräche ersetzen werden.

**„Irgendwie verlieren wir alle das, was uns verbindet."**

An diesen Worten ist etwas dran, oder?

Ich kam mir auf jeden Fall bestraft vor. Bloß keinen Ton von sich geben, sonst gibt es gleich Kontra. Wenn es Streit gab, was in einer wirklich engen Freundschaft normal ist, dann waren die Konsequenzen unterschiedlich. Wenn mein Bruder eine Rolle mitspiele, flog der Finger auf mich. Haben meine ehemalige Freundin und ich uns gestritten, traf es beide. Wollte ich dann auch einfach mal Kind sein, dann war es auch nicht gut. Ich habe Quatsch gemacht, in dem Fall habe ich mal versucht, so eine Art Schwäbisch zu reden. Hätte ich nicht machen sollen.

**„Red' mal normal."**
**„Verhalt' dich mal wie ein normales Kind."**

Dabei ein böser ernster Blick. Also wurde wieder mein Selbstvertrauen in die Enge getrieben. Darfst kein Ton von dir geben, darfst keinen Quatsch machen und du darfst dich bloß nicht streiten, denn dann ist der Ärger groß. Somit lieber die Klappe halten, nachdenken, was jetzt angebracht ist und was nicht.

Nachdenken, was ich die ganze Zeit falsch mache und dabei innerlich versuchen, meine Emotionen zu kontrollieren. Und zuhause in den eigenen Wänden außerhalb der Umgebung lief es auch nicht gut. Mama war viel beschäftigt mit Geldproblemen, Gerichtsprozessen, Umzug und mit den Streitigkeiten mit meinem jüngeren Bruder. Mein Bruder ist fünf Jahre jünger als ich und stammte aus der Ehe zwischen Mama und diesem Verbrecher. Die Streitereien zwischen meinem Bruder und mir waren nicht immer ganz schmerzfrei. Entweder versuchte mein Bruder mich zu beißen, was er auch einmal sehr kräftig in meine Brust tat oder wir schlugen uns gegenseitig die Fäuste in die Rippen. Mama kam damit sehr oft an ihre eigenen Grenzen. Schließlich hatte sie zwei Kinder, die sich ständig in die Haare bekommen, nebenbei noch die gerichtlichen Dinge und ihre eigene Gesundheit. Ich denke, und ich bin mir sogar zu hundert Prozent sicher, dass ab diesem Zeitpunkt, an dem die Trennung, der Umzug, die Gerichtstermine und die Geldprobleme Thema waren, Mama an Depressionen erkrankte und sie auch nicht ahnte, dass noch mehr zusätzliche Lasten kommen werden. Es herrschte somit Krieg! Egal, wo ich war oder wohin ich auch ging, es war der pure Stress. Zuhause Stress, in der Schule Stress und dann noch meine eigenen Probleme mit mir selbst. Ich war gefangen, konnte mich nicht sortieren und versuchte, mir nichts anmerken zu lassen. Dadurch wurde ich allerdings unzuverlässig, was meine Hausaufgaben betrifft. Entweder machte ich sie gar nicht oder machte sie nur zum Teil fertig. Oft log ich sogar um mich herum, dass ich keine Hausaufgaben hatte. Damals hatte ich noch einen wirklich allerbesten Freund. Ich war und bin drei Jahre älter als er. Da seine Mama einen Job als Tagesmutter nachgeht und ich einige Zeit bei ihnen war, war das ein Geschenk, endlich mal einen wirklich tollen Freund zu haben. Wir spielten so gut wie immer mit Autos, spielten Fußball, bis unsere Lungen nach Luft schnappten und gingen auch mal zum Spielplatz. Das hat auch jahrelang sehr gut gehalten. Ich sah, wie er älter wurde, wie er größer wurde und wie er sich entwickelte. Dann war unsere Aktivität statt draußen zu kicken auch mal FIFA zocken. Beide Gesichter fokussierten sich auf einen kleinen Computerbildschirm und jeweils abwechselnd die Tasten zum Glühen zu bringen. Eine Playstation konnte ich mir nicht leisten, aber das machte uns nichts aus. Wir zockten oft für einige Stunden. War auch etwas vom Wetter abhängig, aber selbst an warmen Tagen wurde gezockt. Nur leider ist der Kontakt in den letzten Jahren komplett abgebrochen und nicht mehr da. Ich vermisse ihn sehr. Ich wünschte, er hätte alles noch erleben können. Ich wünschte, unser Kontakt wäre geblieben und vielleicht hätten wir bis heute eine sehr enge Brüderliche Freundschaft führen können. Nichtsdestotrotz tut es mir leid, oft seine Mama mit dem Satz „Ich habe keine Hausaufgaben" angelogen zu haben. Ich wollte einfach mal komplett meine Sorgen vergessen, Kind sein und meine Pflichten im Hintergrund lassen. Denn das Mobbing in der Schule, der Druck in der Schule, der Stress zuhause und die verschiedenen Termine raubten mir sehr viel Kraft. Die Termine für den Gerichtstermin waren jedes Mal eine reine Quälerei. Hier ein Termin bei der Polizei, da ein Termin bei einer Gutachterin und hier noch ein Termin in einem Krankenhaus für ein paar Untersuchungen. Wo konnte ich mal abschalten? Ohne beichten zu müssen, dass ich meine Hausaufgaben nicht gemacht habe, sondern stattdessen alles erledigt habe? Es war wie in einem Hamsterrad ohne einen Ausweg. Trauer in mir und Tränen spielten die Melodie. Was habe ich an mir, dass man so negativ mit mir umgeht? Diese Frage stelle ich mir heute noch und ich habe immer noch keine Antwort darauf. Wo ich allerdings mal für ein paar Stunden abschalten konnte, war beim Sport. Natürlich habe ich dafür meine Hausaufgaben ordentlich gemacht. Was wäre, wenn ich meine Hausaufgaben nicht gemacht hätte? Oder ich meine Mutter angelogen hätte, um zu meiner sportlichen Aktivität hingehen zu dürfen? fing an mit dem Kartfahren. Jetzt kein Kartfahren mit richtigen Formel-1-Strecken, sondern Jugendkartslalom durch Pylonen. Strecken, die mit Pylonen aufgebaut werden. Pylone, die ich möglichst nicht überfahren sollte, sondern zwischen ihnen hindurch. Adrenalinkick, das kann ich garantieren. Zwei Saisons bin ich gefahren, leider waren weitere Jahre nicht drin. Es gab nicht genügend Fahrer und Fahrerinnen. Hätten wir damals im Team genügend Leute gehabt, dann wäre ich definitiv einige Zeit länger gefahren. Schließlich fuhr ich drei Jahre und zwei davon in den Meisterschaften. Dieser Kick, wenn ich wusste, dass es nach dem Winter Frühling wird und ich die Reifen ab April bis ca. Mitte Juli qualmen lassen durfte. Der Geruch von Benzin, das Hören des Motors, das Adrenalin, das ich unter meinem Helm und unter meinen Handschuhen spürte. Ein unbeschreibliches Gefühl. Dazu in der laufenden Saison quer durch Baden-Württemberg zu fahren und auch Neues erblicken zu können. Von Hockenheimring, Warmbronn, Holzgerlingen, Ulm und auch im Schwarzwald waren die Fahrten mit dem Auto auch mal unendlich lang. Es tat mir allerdings gut, auch mal andere Ortschaften zu sehen. Ich konzentrierte mich auf die Musik im Auto und schaute nebenbei immer aus dem Fenster, um meine Umgebung wahrzunehmen.

An den Samstagen vor einem Rennen war Training, auf das ich mich fokussieren musste. Ich trainierte hart. Hatte Bock, Hunger und Ehrgeiz. Momente, in denen ich vieles vergessen konnte. Aber selbst beim Training gab es Momente, in denen ich innerlich völlig frustriert war. Mir war es wichtig, in jedem Training immer 100 % zu geben, Leistung zu zeigen und dass Disziplin für mich eine große Bedeutung hatte. Habe ich doch mal kein gutes Training absolviert, dann war ich gedanklich ganz woanders. Sonntags bei den Rennen war es sogar ganz schlimm. Ich konnte meine Emotionen gar nicht kontrollieren und weinte sehr oft. Besonders wenn der erste Lauf des Rennens überhaupt nicht gut lief. Viele Menschen sahen meine Tränen oder meine roten Augen. Ich schämte mich dafür. Ich schämte mich für meine Tränen. Als wären sie ein Zeichen, dass ich nicht verlieren konnte. Peinlich. Innerlich zerbrach es mich in Stücke. Voll mit Trauer und gleichzeitig habe ich mich wie ein Nichtskönner gefühlt. In meinem Kopf spielten sich verrückte Dinge ab. Das Wort „Versagen“ dominierte meinen Kopf durchgehend.

**„Du trainierst hart, um am Wettkampftag zu versagen.“**

Das war fast in jedem Rennen so, dass das Wort „Versagen" mich schwach machte. Ja, ich hatte eben Angst keine Leistung zu bringen. Hatte Panik das Team zu Schwächen. Auch hier, in diesen Momenten, wusste ich nicht, dass meine Gefühlslage und meine Emotionen mit meiner Vergangenheit und der aktuellen Lage zusammenhängen. Abgesehen von meinen schlechten Statistiken im ersten Durchlauf des Rennens gab es zum Glück noch einen zweiten Durchlauf. Was mir zugutekam und schön war. Denn in jedem zweiten Durchlauf des Rennens konnte ich meine Fehler ausgleichen und verbesserte mich jeweils in der Zeit sowie in den Platzierungen. Mit einem Pokal ging ich so gut wie immer nach Hause und darauf war ich sehr stolz! Damit konnte ich meine Trauer verdrängen und habe oft vergessen, wie es am Anfang des Rennens mit meinen Emotionen zuging. Während meine Motorsportkarriere zu Ende ging, zogen wir in die Nähe meiner Großeltern. Unsere Häuser trennten uns zu Fuß knapp fünf Minuten. Leider bedeutete das für mich, erneut einen Schulwechsel in Kauf zu nehmen. In der neuen Grundschule wiederholte ich auch die zweite Klasse. Ich erinnere mich leider nicht mehr, weshalb das so war. Die schulischen Leistungen waren jetzt auch nicht 1 A, aber auch nicht grottenschlecht. Auch dort war ich von Mobbing nicht befreit. Manchmal hagelte es dicke Backpfeifen in meinem Gesicht.

**„Du bist hässlich."**
**„Du hast voll den fetten Arsch."**
**„Zieh dir was Schöneres an."**
**„Geh dich Vergraben."**
**„Dich mag keiner."**
**„Niemals wirst du etwas erreichen."**
**„Dich wird später keiner lieben."**
**„Du hast keine Freunde." *lach***

Weitere Sätze und Wörter prasselten wie in der ehemaligen Schule jeden Tag auf mich ein. Doch das hier war schlimmer und ich dachte, es könnte doch nicht schlimmer werden. Da habe ich mich sehr getäuscht. Es ging sogar noch weiter in das

Thema Mobbing hinein. Das Geläster in den Umkleidekabinen, dieses Fake Lachen, wenn sich Menschen beim Erniedrigen eines anderen Menschen stark fühlen und dann auch noch diese Blicke, als ich in die Räume eintrat. Extrem unangenehm. Ein Hauch von Scham. Sich schämen, überhaupt anwesend zu sein. Grundsätzlich muss ich sagen, dass Mobbing und auch das Erniedrigen eines anderen Menschen eine ganz große Schwäche ist. Ich finde das charakterlos. Schließlich möchten selbst diese „Hasser" auch von jedem Menschen akzeptiert werden. Oder täusche ich mich da?

Das Mobbing wollte einfach nicht aufhören. Ich war am Boden zerstört. Hin und her gerissen von meinen Gefühlen und meinen Gedanken. Meine Traurigkeit, meine nassen Tränen waren in meinem Alltag Routine und dennoch versuchte ich, mir davon nichts anmerken zu lassen. Meine schulischen Leistungen gingen immer mehr in den Keller. Mein allergrößtes Problem war Mathematik. Selbst die einfachsten Aufgaben oder das kleine Einmaleins waren für mich Herausforderungen. Geteilt rechnen ging absolut gar nicht und große Zahlen zu lesen war eine Katastrophe. Für mich war es nicht leicht, damit umzugehen, Probleme in Mathematik zu haben.

Es half auch keine zusätzliche Hilfe von meinem Opa. Im Gegenteil. Ich brach in Tränen aus, wenn wir zusammen Mathematik lernten oder meine Hausaufgaben machten. Er gab sich so viel Mühe. Er hat auch gerne die Aufgabe oder auch das Mathematik Thema fünf Mal erklärt. Dennoch ging gar nichts in meinen Kopf.

**„Ich bin eben ein Nichtskönner."**

Dieser Satz, oder soll ich mal sagen, dieser Glaubenssatz drehte sich wie ein langsamer Dönerspieß in mir herum. Meine schulischen Leistungen wollten einfach nicht besser werden. Selbst in der Schule gab es unter der Woche außerhalb des Unterrichts zusätzlich Hilfe von Lehrern und Lehrerinnen. Ich wusste, dass die Lehrer und Lehrerinnen an mich glaubten. Sie merkten meine Verzweiflung. Eine solch große Hilfe hatte ich in meiner Schule davor nicht bekommen. Umso dankbarer war ich dafür und konnte mich manchmal notentechnisch retten. Habe ich dennoch eine sehr schlechte Note erhalten, dann wurden meine Augen feucht. Mir war das so peinlich, da es auch mitten im Unterricht passierte. Mein Frust war ziemlich groß. Was sich zu Hause abspielte, drang mich immer mehr in die Einsamkeit und in die Stille. Ich verschanzte mich sehr viel in meinem Zimmer. Ich hörte dabei viel Musik, zockte FIFA auf meinem Computer und ging ab und zu mal raus, um ein paar Bälle zu treten. Für mein junges Alter war ich schon ziemlich selbständig. Ordnung und Sauberkeit waren für mich wichtig, so fühlte ich mich wohl. Natürlich konnte ich schlecht mal das ganze Haus putzen. Es gab trotzdem mal Phasen, wo ich das getan habe. Ich putzte sogar so, dass ich die Küchenschränke ausräumte und säuberte. Putzen war etwas, das mir gutgetan hat. Ich fühlte mich oft dabei alleine. Denn auch, wenn ich zur Schule ging, machte ich alles selbständig. Jeden Morgen brav aufstehen, sich im Bad fertig machen, Schulsachen packen, das Vesper richten und dann mit dem Fahrrad zur Schule fahren. Es gab Schultage, an denen ich mir statt Essen einen knappen halben Liter Kaba in einer Isolierflasche einpackte. Natürlich völlig ungesund und voller Zucker. Aber ich sah diesen Zucker als kleinen Trost. Da der Motorsport Geschichte war, ging sportlich nichts mehr. Der Garten, der Spielplatz und der Hartplatz waren hin und wieder mein kleiner Ausgleich. Damals gab es noch wenige Stunden, die ich mit meinem ehemaligen allerbesten Freund verbrachte, ab und zu mit meinem Bruder, aber ansonsten einsam und alleine. Auch die Geldprobleme machten mir zu schaffen. Wenn ihr beim Einkaufen auf jeden Cent schauen müsst, ist das nicht schön. Selten gönnte ich mir mal etwas. Meine Bravo Sport damals habe ich allerdings oft bekommen und auch mal von meinem Taschengeld bezahlt. Leider haben die Streitigkeiten zuhause nicht abgenommen, sie wurden nach meinem persönlichen Empfinden schlimmer. Ich hatte oft den Gedanken, einfach mal abzuhauen und dabei zu schauen, ob mich jemand suchen würde. Es kommt mir gerade beim Schreiben gerade das Gefühl, dass alles nur noch einseitige Routinen waren. Die Geldprobleme, die Streitigkeiten, das Mobbing, die schulischen Leistungen und das Rumhocken in meinem Zimmer. Ich weinte oft in meinem Zimmer, machte auch mal hin und wieder etwas kaputt und schlug mit meinen eigenen Fäusten auf mich selbst ein. Ich aß immer mehr, kaufte mir zusätzlich Unmengen an Süßigkeiten und klaute auch mal Geld, um den Fraß finanzieren zu können. Leider habe ich dadurch auch erneut Fußballkarten gekauft und geklaut. Ja, ich habe mal geklaut. Fußballkarten waren schon etwas großes. Einmal habe ich sogar zwei Computerspiele von dem geklauten Geld gekauft. Rechtlich gesehen hätte der Verkäufer das nicht tun dürfen. Meine Taten waren nicht unbegründet. Ich wollte doch einfach nur mit den anderen Schülern mithalten können. Mitreden und versuchen, doch noch Freundschaften zu schließen. Sie spielten in jeder Pause mit den Fußballkarten. Sie sprachen über jeden einzelnen Spieler, den sie im Besitz hatten. Genau das wollte ich auch, nur gab es kein Geld dafür. Auch was das Zocken anbelangt, wollte ich mitreden. Ich hatte kein Glück, sondern nur Pech. Natürlich wurde ich zuhause erwischt und es gab mächtig Ärger. Hausarrest und ein paar Schläge auf den Hintern. Für diese Taten schäme ich mich bis heute sehr. Mir tut das unendlich leid und ich kann mich dabei selber nicht einmal in den Spiegel schauen. Es ist nicht meine Art, so ein blödes Zeug zu machen.

Im Sommer 2010 habe ich angefangen, in einem Fußballverein aktiv Fußball zu spielen. Es war eine richtige Entscheidung und ich habe etwas gefunden, bei dem ich manchmal abschalten konnte. Da ich allerdings stark an Gewicht zugelegt hatte, konnte ich die ersten Jahre kaum im Training mithalten. Meine Ausdauer war ganz woanders. Das machte mich fertig. Ich weinte auch oft während des Trainings. Ich schämte mich für mein Fitnesslevel und fühlte mich von mir selbst angeekelt. Ich bin froh, dass sich das geändert hat. Nach den ätzenden zwei Jahren nahm ich Stück für Stück an Gewicht ab. Leider entwickelte sich dadurch eine Essstörung. Abgesehen davon bekam ich immer mehr Power, Energie und Kondition. Meine Stärke war jetzt nicht besonders gut, mitten im Feld zu spielen, nein.

Meine Stärke war im rechteckigen Kasten. Mit meiner Körpergröße war das gerade nicht optimal im Vorteil. Klar gehört es zum Feld dazu, aber wenn du manchmal im Kasten nichts zu tun hast, dann ist es auch langweilig und fühlst dich allein. Ich habe jedes Training geackert und das Mindeste rausgeholt. Natürlich gab es mal Trainingseinheiten, die mal nicht gut gelaufen sind. Ich schob meinen Frust innerlich in mir herum.

**„Du übst das so lange, bis du das kannst!"**

Moment. War da nicht etwas?

Es gab viele Trainingseinheiten, in denen ich gar nicht mit mir zufrieden war. An Spieltagen und bei Turnieren war ich oft angespannt. Ich hatte Angst zu versagen. Angst, dem Team keinen Rückhalt bieten zu können. Angst, meine Leistungen nicht abrufen zu können. Es gab Spiele, in denen meine Leistung gar nicht gepasst hat, und es gab Turniere, in denen meine Leistung gar nicht gepasst hat. Da konnte ich auch mal mitten im Spiel meine Tränen nicht zurückhalten. Das hat mich sehr belastet und das Versagen saß ganz tief in mir. Habe ich mich vielleicht zu arg unter Druck gesetzt?

Gut möglich. Ich bin der Meinung, dass es eine Mischung aus erlebten Ereignissen und der innere Druck war. Ich spielte fünf Jahre aktiv Fußball. Leider nicht länger, da ich die Mannschaft verlassen musste. Wir waren ein erfolgreiches Team. Ein Team mit Höhen und Tiefen, aber wir meisterten alles gemeinsam.

Es war eine schöne Zeit und ich konnte mich dafür nicht einmal bedanken, geschweige denn verabschieden. Ich bin gegangen, musste woanders hin und darauf kaue ich bis heute noch herum. Schließlich war ich dort glücklich. Ich nenne es als meine sportlichste und teils auch glücklichste Zeit in meinem Leben! Ich vermisse die gemeinsamen Momente sehr und ich wünschte, ich hätte nach meinem Verschwinden das Team trotzdem noch unterstützt, mich engagiert und meine freien Wochenende dafür genutzt, um an Spieltagen da zu sein. Bis heute bereue ich es, kein Wort gesagt zu haben und bis heute bereue ich es, zu keinem Zeitpunkt neben dem Platz gestanden zu sein. Ich habe zwar in meiner neuen Gegend hier und da ein Probetraining absolviert und habe auch mal für wenige Monate gekickt, dennoch fühlte ich mich nicht wohl.

Es fehlte der Spirit. Es fehlte der Spirit, den ich in meiner vorigen Mannschaft hatte. Auch weitere Gründe machten mir den Spaß am Fußball zunichte. Seitdem vermeide ich, aktiv Fußball zu spielen und spiele stattdessen ab und zu mit Leuten sonntags in einer Halle Fußball. Dabei zerreiße ich mir den Kopf. Was wäre, wenn ich nicht aufgehört hätte? Wäre ich dann ausgeglichener? Oder Glücklicher?

Ich weiß es nicht. Es gibt Momente, die mich traurig und wütend machen, aufgehört zu haben, aktiv Fußball zu spielen. Oft denke ich dabei, mir einfach mal einen Ruck zu geben, aber ich habe bis heute starke Bedenken, aktiv den Ball wieder zu treten. Das versetzt mich in eine tiefe Traurigkeit und ich fresse dabei alles in mich hinein.

Wie schon erwähnt, musste ich von zuhause umziehen. Es hatte seine Gründe. Davor und dazwischen passierte selbstverständlich noch einiges. Meine schulische Situation hatte sich auch in der weiterführenden Schule nicht geändert. Dieses Mobbing ging weiter. Ständig auch dieses Gelächter und Fragen. Auch meine Tränen konnte ich bei einer schlechten Leistung nicht zurückhalten. Verfluchte Mathematik!

Ich verstand die Welt nicht mehr. Wenn du Polizist werden möchtest, dann musst du besser sein. Ja, ich wollte schon immer Polizist werden. Aber als Polizist musst du einen guten Abschluss machen und auch gut in der Schule sein. In den anderen Fächern gab es Phasen, in denen die Noten mal gut, aber auch schlecht waren. Selbst Sport war mal kritisch. Bodenturnen oder generell Turnen waren nicht mein Fall. Vor allem mit meinem damaligen starken Gewicht. Klar habe ich durch Fußball einiges an Gewicht verloren, sogar zu viel, aber da war das Bodenturnen schon längst abgeschlossen. Wofür ich mich aber wirklich schämte, war das ständige Umziehen in der Umkleidekabine. Diese Blicke von den anderen waren mir so unangenehm und deshalb zog ich mich oft auf der Toilette um. In der Weiterführenden Schule hatte ich eine kleine Crew und bis heute eine allerbeste Freundin. Unsere Crew waren die „Außenseiter". Wir waren immer nur zusammen. Sei es in der kleinen Pause, großen Pause und in der Mittagspause. Chillten oft im Schülercafé, im Jugendhaus oder auf dem Schulhof. Es gab Mittagspausen, in denen sich meine ehemalige Crew bei der Mensa oft etwas zu essen kaufte. Da konnte ich nur zusehen. Manchmal holte ich mir auch fettige Pommes oder fettige Wedges. Schon vor Schulbeginn holte ich mir schon ein dickbelegtes Baguette oder ein Schnitzelbrötchen. War das Taschengeld allerdings gering, ging ich oft zum Jugendhaus und holte Unmengen an Süßigkeiten, Wassereis und Chips für kleines Geld. In meiner Abnehmphase und später in meiner Essstörung habe ich das völlig vermieden. Zu meiner Essstörung komme ich später darauf zu. Natürlich gab es auch Mittagspausen, in denen wir zusammen im Schülercafé aßen. Da brachte entweder jeder sein Essen mit oder es floss kleines Geld in die Schülercafé-Kasse. Wir hatten zusammen lustige Pausen und das waren definitiv meine ersten richtigen Freunde. Durch meinen Umzug verschwand der Kontakt nach einigen Monaten. Auch der Kontakt zu meiner allerbesten Freundin. Wir haben uns damals beim Fußball kennengelernt und sahen uns jeden Tag in der Schule. Nachdem sie ihren Abschluss in der Tasche hatte, sahen wir uns hin und wieder am Wochenende oder beim Fußball. Sie kannte meine schwierige Situation in der Schule und auch meine Probleme zuhause. Es gab Phasen, in denen wir wieder Kontakt hatten und dann auch wieder nicht. Aktuell haben wir wieder einen sehr engen Draht und der Kontakt zwischen uns ist wieder der alte. Darauf bin ich sehr stolz!

Könnt ihr euch noch erinnern, als ich meine ehemalige allerbeste Freundin erwähnt habe? Also die ehemalige allerbeste Freundin, die ich seit der Geburt kannte?

Bestimmt.

Wir haben auch Jahre danach vieles miteinander gemacht. Wir wurden erwachsener, reifer und selbstsicherer. Wenn wir mal an einem Freitag bei ihr waren, dann sind wir zusammen auch mal rausgegangen. Klar, für einen Teenager normal. Jeden

Schritt, den wir draußen auf dem Asphalt und auf dem Feldweg gegangen sind, war für mich eine beruhigende Atmosphäre und ließen meine seelischen Schmerzen für einen kurzen Moment ruhen. Durch meine Essstörung, wegen der ich mit vierzehn in eine Psychiatrie gekommen bin, ist unser Kontakt ziemlich in die Brüche gegangen. Alles fing damit an, dass ich an einem Abend in die Notaufnahme gekommen bin. Ich war zwei bis drei Tage auf der Station. Die Ärzte wollten mich schon gehen lassen. Die Entscheidung war dann aber doch anders. Glaubt mir, wäre ich gegangen, dann hätte ich weiter gemacht. Hätte mich weiter ausgehungert, bis ich davon gestorben wäre. Natürlich ist mir eine ausgewogene Ernährung wichtig und der Sport ebenfalls. Es gab Zeiten, während der aktiven Fußballzeit, in denen ich zusätzlich zehn Kilometer in fünfzig Minuten gelaufen bin. Meine Ernährungsweise war zwar vollkommen falsch, aber ich hatte damals noch wenig Ahnung. Ich zählte Kalorien. Besonders achtete ich auf Fett. Süßigkeiten strich ich komplett aus der Liste. Was war mit Nudeln? Was war mit Brot? Was war allgemein mit Kohlenhydraten?

Waren für mich tabu. Ich habe mich so gut wie jeden Tag gleich ernährt. Zum Frühstück etwas Magerquark mit Mandarinen, zum Mittag Salat mit Hähnchen aber ohne Sauce und am Abend nur so mal Rohkost. Selbst beim Braten des Hähnchens habe ich zusätzlich noch mit Küchenrollen das restliche Bratfett abgetupft. Es gab auch Tage, an denen ich nur das Abendessen aß. Tage, an denen ich nur fünfhundert Kalorien zu mir genommen habe. Die Essstörung wurde mir persönlich erst später bewusst und ich war mir sicher, dass ich diesen Teufelskreis durchbreche.

Daraus wurde nichts. Es wurde nicht besser, sondern krankhafter. Mein Ausgleich war sozusagen der Sport und das Hungern. Ich merkte oft, wie meine Leistung beim Training keine 1 A-Leistung war. Mir fehlte die Power. In der Schule blieb das auch nicht unbemerkt. Einige waren total überrascht. Überrascht, dass ich etwas im Leben geschafft hatte. Vor allem die ganzen Kritiker die eh schon gegen mich waren, machten große Augen. Durch die Gewichtsabnahme wurden auch meine Noten besser. Nach meiner Behandlung in der Psychiatrie habe ich auch in die andere achte Klasse gewechselt. Da war kein Mobbing zu sehen oder zu hören. Dies war auch ein Grund für meinen Höhenflug bezüglich meiner guten Noten in der Schule. In der Psychiatrie, wo ich gegen meine Essstörung gekämpft habe, war ich gut drei Monate in Behandlung. Ich hatte einen festen Ernährungsplan und hatte gleichzeitig eine sehr tolle Therapeutin an meiner Seite. In die Schule konnte ich natürlich nicht gehen, somit hatte ich die Schule dort in der Klinik. Ich habe damals Aufgaben von meiner Schule erhalten. Für mich war das schon eine Umstellung, nur in einem kleinen Raum seine Aufgaben zu erledigen. Die anderen Patienten und Patientinnen hatten ebenfalls ihre eigenen Aufgaben. Wir waren gemeinsam eine ruhige Gruppe. Unsere Tage waren mit Struktur und Aktivitäten durchgeplant. Da damals die Fußball-WM 2014 in Brasilien war, schauten wir bei Gelegenheit die Spiele an und hörten den WM-Song am helllichten Tag rauf und runter. In meiner Behandlungszeit war ich oft sehr glücklich. Es gab auch Tage, an denen ich mir am liebsten die Kugel hätte geben können. In der Psychiatrie gab es feste Besuchszeiten. Ich habe mich gefreut, wenn mich jemand mal besucht hat. Selbst meine damalige Klassenlehrerin besuchte mich. Auch meine ehemaligen besten Freundinnen aus der Crew kamen mal zu mir. Generell tat mir der Kontakt zu den anderen sehr gut. Ich konnte meine Krankheiten gut verdrängen. Dabei lernte ich jemanden kennen, der wie mein Bruder hieß. Ich weiß noch genau, als er einmal zu mir sagte, dass er Forscher werden wollte. Wir waren wirklich sehr gute Freunde und das Schicksal führte uns auch ein Jahr später wieder zusammen. Da ich ein Jahr später zur Behandlung von Depressionen in die Tagesklinik kam, gab es zwischen uns ein Wiedersehen. Doch der Umzug in meine neue Umgebung machte später daraus eine traurige Funkstille. Ich bin mir ziemlich sicher, dass wir uns eines Tages in die Arme nehmen werden und über diese Zeit sprechen werden. Dabei die Dinge nachholen, die wir verpasst haben und wie Brüder werden!

Als ich aus der Psychiatrie entlassen wurde, konnte ich mein Gewicht die ersten Wochen gut halten. Auch in der Schule lief es notentechnisch gut. Verschont blieb ich dennoch weiterhin nicht. Selbstverletzungen und Auseinandersetzungen zuhause machten mich depressiv, nachdenklich und unglücklich. Dadurch hatte ich oft den Gedanken, abzuhauen, mich zu verstecken und mich selbst zu hassen. Mich dafür zu hassen, was für ein Mensch ich eigentlich sei.

**„Es ist meine Schuld, dass die Familie kaputt gegangen ist."**
**„Ich bin schuld an allem, was passiert."**
**„Warum bin ich eigentlich auf der Welt?"**

Ich isolierte mich oft in meinem Zimmer. Ich zockte viel FIFA und hörte jeden Tag Musik. Auch mein Essverhalten änderte sich erneut. Tage, an denen ich alles in mich rein stopfte, und Tage, an denen ich in alte Muster verfallen bin. Ich war gefangen. Ich war nicht glücklich. Ich war am Ende. Ich wollte einfach nicht mehr. Meine Stimmungsschwankungen waren nicht mehr normal. Von null auf hundert konnte sich meine Stimmung radikal ändern. Oft hatte ich sogar Wutausbrüche und machte dadurch ein Chaos in meinem Zimmer. Selten ging etwas kaputt, aber wenn etwas kaputtging, dann waren es meine Pokale. Ich schlug außerdem auf mich selbst ein. Ich bestrafte mich selbst. Ich machte mich für alles verantwortlich im Leben. Schlafen war ein Fremdwort. Meine Albträume nahmen immer mehr zu. Mein Selbstwertgefühl ging immer mehr in den tiefen Abgrund und auch meine soziale Ader litt darunter.

Somit wartete eine Behandlung in der Tagesklinik für Kinder und Jugendliche auf mich. Dort war ich erstmal ambulant. Es gab keinen Termin, an dem meine Augen mal trocken geblieben sind oder an dem Mama und ich uns zusammenreißen mussten um uns nicht anzuschreien. Auch zum ersten Mal im Leben habe ich Antidepressiva bekommen. Junge mit fünfzehn Jahren, der täglich Tabletten schluckte. Ein Schlag in die Magengrube. Zum Schlafen habe ich ebenfalls etwas bekommen. Das Leben läuft, würde ich sagen. Kurz vor den Sommerferien wurde ich dann endgültig in die Tagesklinik aufgenommen.

Meine Behandlungszeit war sehr lang und über das Limit hinaus. Vier Monate lang hatte ich Wochenpläne mit Therapien. Während meiner Behandlung hatte ich oft mit meinen Stimmungsschwankungen zu kämpfen, sowie mit meinen Fressattacken. Dadurch nahm ich wieder kräftig an Gewicht zu. Immer wenn ich nach der Klinik zuhause war, habe ich heimlich noch gegessen oder bin mit Absicht rausgegangen, um mir Essen zusätzlich zu kaufen. Ich habe das getan, weil meine Schuldgefühle meinen Körper kontrollierten und meine Gedanken ein Chaos in mir auslösten. An den Wochenenden fanden natürlich keine Therapien statt. Meine Wochenenden waren nicht gut. Es gab immer Streit und dadurch bin ich immer weiter in ein Loch gerutscht. Ich brauchte lange, um wieder aus dem Loch zu kriechen und wie ein Soldat fokussiert geradeaus zu schauen.

**„Das Leben macht keinen Sinn.“**
**„Warum muss ich so leiden?“**
**„Ich bin doch eh an allem schuld.“**
**„Ich bin ein Versager.“**

Ich habe nur noch darüber nachgedacht. Ich sah meine Gedanken wie ein Buch vor meinen Augen. Dieses Chaos konnte ich nicht beseitigen. Die Tagesklinik empfahl damals einen Umzug. Allerdings waren ein Umzug und auch eine Wohngruppe schon in der Psychiatrie ein kleines Thema. Ich konnte mir darunter gar nichts vorstellen. Dennoch schaute ich mir zwei Wohngruppen an. Wir entschieden, gemeinsam von Zuhause auszuziehen und neue Wege in einer Einrichtung einzuschlagen Natürlich gibt es Tage, an denen ich darüber nachdenke. Tage, an denen ich nachdenke, was wäre, wenn ich diesen Schritt nicht getan hätte.

Mich interessiert das heute noch. Was wäre dann aus mir geworden?

Meine Trauma-Erfahrungen und meine Depressionen ließen sich immer mehr und mehr auf meine Vergangenheit zurückführen. Je mehr Gespräche und Therapien ich zu den Themen hatte, desto depressiver wurde ich. Meine Tränen konnte ich nicht mehr verstecken. Ich verletzte mich selbst immer stärker. Hatte meine Wutausbrüche nicht unter Kontrolle.

Vor allem meine Gedanken wollten nicht mehr aufhören zu kreisen. Ich war enttäuscht von mir selbst. Ich hasste mich und ich gab mir für alles die Schuld. Jeder Schritt, den ich von Tag zu Tag machte, ließ mich empfinden, ein Fehler auf dieser Welt zu sein.

**„Wieso ich?"**
**„Was habe ich nur getan?"**
**„Du bist an allem schuld!"**
**„Keiner mag mich."**
**„Ich bin ungewollt."**

Und was ist mit dem Wort „Vertrauen"?

Das ist ganz schwer für mich. Selbst heute noch fällt es mir schwer, zu vertrauen und gleichzeitig über meine Probleme zu reden.

Da fällt mir ein, dass ich eine Therapeutin hatte, die in meinen Augen ihren Beruf wirklich verfehlt hat.

**„Wie siehst du denn aus?"**
**„So kann aus dir nichts werden."**

Das sagte die Therapeutin, ohne darüber nachzudenken. Kein Verständnis dafür.

Ich muss schon zugeben, dass ich in dieser Zeit keinen Sinn für Mode hatte. Fußballtrikots waren meine Alltagskleidung. Dennoch ist das natürlich kein Grund, jemanden für seinen Style zu beurteilen oder zu verurteilen.

Kommen wir aber jetzt nun zu meiner neuen Umgebung. Ich zog in eine soziale Einrichtung. In meiner neuen Umgebung musste ich mich erstmal ganz neu orientieren. Da ich Heimweh hatte, fiel mir der Anfang etwas schwer. Ich konnte mir allerdings einen Ruck geben, denn ich war mir sicher, dass Streitereien zu Hause vorprogrammiert waren. Aufgeben war keine Option für mich. Aufgeben in dem Sinne, dass das Verhältnis zuhause besser wird. Deshalb bin ich an manchen Wochenenden ein paar Mal nach Hause gefahren. Leider war ich danach immer in einem Loch. Ich weinte viel und war vor allem traurig. Der Grund waren die Streitereien.

**„Mich hat keiner lieb."**
**„Ich bin ungewollt."**

Und jedes Mal diese Fragen im Kopf ...

**„Warum ich?"**
**„Was habe ich denn nur getan?"**

Auch hier redete ich mich selbst ein, das Leben so nicht anders verdient zu haben. Selbst heute kommt es immer noch vor, dass ich so über mich denke. Denke, es nicht anders verdient zu haben. Nichtsdestotrotz war das ein Neuanfang für mich. Viele Phasen mit Höhen und Tiefen. Phasen mit Blut, Schweiß und Tränen. Phasen, mit hinfallen und wieder aufzustehen. Und Phasen mit Traurigkeit und vielen nassen Tüchern. In meiner neuen Umgebung lernte ich schnell neue Freunde kennen. Viele Freunde hatte ich nie, aber dafür echte! Natürlich gab es auch in meinem Leben „Freunde", die mich ausnutzen oder auch „Freunde", die auf mich wild einredeten. Mich schmerzt es nur, dass ich in dieser Zeit den Kontakt zu meinen ehemaligen besten Freunden verloren habe. Sie lagen mir alle am Herzen und diesen Stich jeden Tag zu spüren schmerzt sehr!

Was die Wohngruppe betrifft, mache ich es kurz und knapp. Ich schätzte die Zeiten dort sehr und möchte aus persönlichen Gründen nicht tiefgründig darüber erzählen. Einmal war ich allerdings echt ein Idiot. Ich bereue mein Petzen. Das war definitiv Verrat und nicht loyal. Ich verpetzte einige wegen Alkoholmissbrauch. Ich bin nun mal ein Typ, der jeden und jede Person im eigenen Kreis schützen will. Herrscht keine Achtsamkeit, dann kann dies böse enden. Selbstverständlich muss jeder von uns seine eigenen Grenzen kennenlernen. Falls die Betroffenen gerade an dieser Stelle lesen, möchte ich mich somit bei euch entschuldigen. Es tut mir leid, euch verpetzt zu haben. Ihr wolltet nur Spaß haben. Ihr wolltet nur abschalten von den vielen Regeln und ich Idiot habe euch verraten, nochmals, es tut mir leid. An diesem Tag als Idiot dazustehen tat mir weh. Ich weinte in meinem Zimmer, weil es mir so leidtat und ich mich dafür hasste. Für mich ist für einen Moment eine Welt zusammengebrochen. Dieses Gefühl kann ich gerade nicht beschreiben, weil dies ein Chaos in meinem Kopf auslöst und ausgelöst hat. Ein Anker setzte sich brav in meinem Gehirn fest, um mir klarzumachen:

**„DU bist der Fehler.“**

und

**„DU bist ein Fehler.“**

Gemischte Gefühle und auch leere Gefühle, die ich nicht mehr zuordnen konnte, waren das tägliche Brot.

Es reicht nun mal oft ein Wort und die Stimmung kann dadurch gefährlich kippen.

Also bitte immer aufpassen. Aufpassen, was ihr sagt. Gesagte Worte fängst du nie wieder. Lieber viermal oder fünfmal nachdenken, bevor gesprochen wird. Eine Entschuldigung danach, ist meistens dann schon zu spät.

Dieser Text und dieses Zitat bringen einiges auf den Punkt. Vieles lässt sich auf Situationen ableiten. Sei es in Freundschaften, Beziehungen, Gesprächen, geschäftlich, gesellschaftlich und vieles mehr. Das zeigt, was mit einem Menschen innerlich passieren kann, wenn wir untereinander und miteinander nicht achtsam sind und nicht nachdenken. Diese Unachtsamkeit habe ich erneut auf meiner neuen Schule erfahren müssen. Ja, das war wieder nicht leicht für mich. Umzug hin oder her. Ich hatte Angst, in die Schule zu gehen. Ich hatte zwar schnell Anschluss, aber selbst hier flogen Kommentare, Gelächter und Kritik. Für mich war das sehr unangenehm, wenn Fragen zu meinem chaotischen Leben kamen. Zum Teil waren sie echt schmerzhaft.

**„Was ist mit deinen Eltern?“**
**„Wohngruppe für dumme Kinder wie dich.“**
**„Du hast keine Eltern.“ *lach***

Autsch, dieses blöde Mobbing und dieses blöde Gelaber über mein Aussehen damals. Der Mist hörte zum Glück auch mal auf. Sobald ich in meinen Abschlussjahren jeweils stellvertretender Schülersprecher wurde und ein Jahr später sogar Schülersprecher, wurde es plötzlich ganz still. Endlich mal kein Neid, kein Hass, kein Gequatsche, keine Gewalt und so weiter. Ich verstand die Welt nicht mehr. Warum hört das Ganze erst auf, sobald jemand etwas erreicht?

Dennoch bin ich dankbar. Dankbar, diese Erfahrungen und auch gewisse Grenzen erlebt haben zu dürfen. Denn genau diese Zeit formte meine Persönlichkeit und ich lernte schnell, was Respekt, Loyalität, Akzeptanz und das Leben bedeutete. Schon in meinen jungen Jahren habe ich diese Wörter verstanden, aber in meiner Wohngruppenzeit, wo ich meine Jugend verbrachte, wurden die Wörter und Bedeutungen gefestigt. Es wird dennoch Zeit, mit dem Kapitel langsam zu Ende zu kommen. Die Trauer begleitet mich bis heute eng an eng. Die Tränen dagegen weinen mittlerweile andere für mich. Seit mehreren Jahren weine ich nur noch sehr selten. Aber wenn ich weine, dann muss es mich sehr stark getroffen haben. Ich kann daraus erkennen, dass meine Therapien, die ich bis jetzt gemacht habe, angeschlagen haben. Natürlich sind meine Therapien noch nicht abgeschlossen und es gibt auch Fälle, in denen die Therapien noch nicht ausreichend waren, dennoch überrascht es mich hin und wieder, wie weit ich schon gekommen bin. Meine Trauer ist dagegen anders. Geht es mir mal nicht gut, dann kann meine Stimmung sehr schnell und stark kippen. Es reichen schon Wörter, Sätze und Situationen, die mich aus der Bahn werfen können. Erinnerungen werden wach und dann falle ich wieder in meine Gedanken bis hin zum Chaos meiner Emotionen. In den letzten Monaten, seit ich dieses Buch schreibe war das sehr kritisch. Telefonate konnte ich gar nicht mehr führen. Ich konnte nirgends anrufen oder traute mich auch gar nicht mehr, ans Telefon zu gehen. Die Unfreundlichkeiten am Hörer bezog und beziehe ich immer auf mich persönlich. Auch einkaufen war in den letzten Monaten alles andere als entspannt. Die vielen Leute und die körperliche Nähe ließen mich in Panik ausbrechen. Jobabsagen deprimierten mich und auch Zug zu fahren war alles andere als leicht. Dazu wird es aber ein weiteres Kapitel in diesem Buch geben. Auch Personen, die mich normalerweise kennen, wissen genau, was mich in die Stille treibt und mich gedanklich in ein Chaos stürzen lässt. Dadurch zweifle ich immer an mir selbst, gut genug zu sein und gebe mir gleichzeitig die Schuld an allem, was passiert. Das zieht mich dann in eine Einsamkeit zurück und lässt mich in Fressattacken verfallen. Ich betone das Ganze gerne wieder, dass jeder von uns überlegen soll, was gesagt wird und wie etwas gesagt wird. Das kann sowas von falsch aufgenommen werden und dann hat der Streit keine Pause mehr. Nachtreten ist dann auch ein ganz falscher Weg.

Solche Sätze wie

**„Raff dich doch endlich“,**
**„Nimm es doch nicht persönlich“ und**
**„Du fühlst dich immer angegriffen“**

kommen niemals gut an. Im Gegenteil, der Teufelskreis der Gedanken spielt dann im Kopf verrückt und dann fragen sich einige, ob es wirklich noch Sinn macht, auf der Welt zu sein. Betroffene Menschen, die negative Erlebnisse und Erfahrungen im Leben erlebt und begleitet haben, nehmen die ganze Last mit ins Leben. Es dauert Jahre, damit umzugehen und gleichzeitig nicht alles zu arg an sich alles ranzulassen. Es ist ein Lernprozess. Das Leben ist ein Lernprozess. Ein Lernprozess, besser und leichter mit der Negativität umzugehen. Wir haben alle nur ein Leben. Das Leben ist für uns zeitlich begrenzt, aber nur du hast selbst die Verantwortung, ob du dir Hilfe holst und dadurch im Nachhinein verpasste Momente nachholst. Damit du auch die Erkenntnis ziehst, dass das Leben auch schöne und tolle Seiten hat. Wir haben unser Leben selbst in der Hand. Nimm dein Leben in die Hand und hol dir Hilfe. Nimm die Hilfe an und du wirst sehen, wie leicht und schön das Leben werden kann.

# 4 Wut und Hass

- „Ich werde wütend, wenn ich meine Leistungen und mein Können nicht abrufen kann.“
- „Ich werde wütend, wenn ich scheitere.“
- „Ich werde wütend, wenn mir keiner glaubt.“
- „Ich werde wütend, wenn Menschen über einen urteilen.“
- „Ich werde wütend, wenn ich etwas montiere oder repariere und erst kurz vor Abschluss merke, dass dies nicht hinhaut.“
- „Ich werde wütend, wenn ich mich bei ausgemachten Terminen nicht hin traue.“

Es ist der 07.12.2022 und ich fange auf Papier endlich mit dem vierten Kapitel an. In den ganzen vergangenen Jahren kroch unter meiner Traurigkeit eine innere Wut an mir heran. Es gab Situationen, in denen meine Pokale durch das Zimmer flogen, in denen ich Möbel umriss und dabei um mich herum fluchte. Ich hielt das für normal. Schließlich ist jeder von uns mal wütend, sauer und schlecht gelaunt. Das ist ganz menschlich, also wird mir schon nichts passieren. Doch leider war das nur ein Wunsch von mir, ein Wunsch, dass mir schon nichts passieren wird. In den letzten zwei Jahren waren meine Wutausbrüche unberechenbar. Gleichzeitig mein innerer Hass, der mir immer mehr und mehr mitspielte. Ich unterschätzte oft meine Aggressivität. Dabei verletzte ich mich selbst. Mit dicken bis dünnen Glasscheiben war meine Haut bedient. Ich hatte das Gefühl, dass mein innerer Hass auf mich stärker wurde und ich mich dabei immer weniger kontrollieren konnte. Grundsätzlich kann ich versichern, und ich lege dafür meine Hände ins Feuer, dass ich niemals einen Menschen auf der Straße, im Zug, in Restaurants oder in meinem engen Kreis Gewalt antun werde und kann. Dies würde dazu führen, sich selbst nicht mehr in den Spiegel anschauen zu können und endgültig sich das Leben zu nehmen.

Kommen wir aber jetzt nun zum Thema.

Ich bin Ende Oktober 2019 von einer Verselbständigungswohngruppe, die auch zur Sozialeinrichtung gehörte, in meine allererste Wohnung gezogen. Wofür ich mich hiermit auch kurz bei meinen besten Kollegen und Kolleginnen sehr herzlich bedanken möchte. Danke für all die Spenden und die ganzen Hilfen, die ich in meinem Leben nie hatte. Das bedeutet mir heute noch sehr viel. Während meines Umzuges war ich allerdings noch mitten in meiner Ausbildung. Als dann noch das neue Jahr startete, kam zusätzlich Druck von vielen Seiten. Die erste Abschlussprüfung stand in wenigen Monaten vor der Türe. Nun, was hat das mit meiner Wut zu tun, geschweige denn mit meinem inneren Hass? War da vielleicht auch meine Angst mit dabei? Angst zu scheitern? Angst, die Erwartungen nicht zu erfüllen? Angst, meine Noten in den Abgrund zu schicken? Angst, einen Blackout zu haben? Oder auch die Angst, dass die Glaubenssätze an Macht gewinnen?

Glaubenssätze, die jahrelang und auch noch heute meine Gefühlslage beeinflussen.

Ja, die Angst war mit dabei.

**„Aus Wut und Hass wurde Angst und umgekehrt wurde aus Angst Wut und Hass."**

Ich erinnere mich sehr gut daran, wie ich meine Mittlere Reife mit Würgen und Brechen erreicht habe. Ich betete, dass es nicht nochmal zu so einem Chaos kommt. Also fing ich damit an, die ersten zwei Lehrjahre auf Papier zusammenzufassen, um später brav alles auf Karteikarten zu schreiben. Locker gab es Abende, an denen ich nach der Berufsschule, nach meiner Frühschicht und auch nach meiner Spätschicht noch stundenlang an der Zusammenfassung arbeitete. Auch sonntags saß ich von morgens bis abends daran, die Zusammenfassung fertig zu bekommen. Pause? Was ist eine Pause? Pausen kannte ich nicht. Ich kannte nur:

**„Alles oder Nichts."**

Mein Kopf explodierte und spielte mir immer wieder Glaubenssätze vor.

**„Du übst das so lange, bis du das kannst!"**

Durch den angekündigten Lockdown hatte ich sowieso nichts Besseres zu tun, als dann zu meinen Lehrbüchern zu greifen. Es war nicht möglich, etwas zu unternehmen. Selbst mein Geburtstag musste darunter leiden und auch allgemein ging nichts. Nur leider hatte ich auch vor der Pandemie Probleme, in meiner Ausbildung mal für wenige Stunden mit ehemaligen Freundinnen abzuschalten. Ich ließ sie oft wegen meines Lern-Wahns hängen, sagte oft ab und dadurch ging unsere Freundschaft kaputt. Auch meine zweite und dritte Chance nochmal bei ihnen nutzte ich nicht, somit ging unsere Freundschaft zu Bruch. Dafür hasse ich mich bis heute. Mir hätte ein Ausgleich gutgetan, doch ich Idiot hatte nur Lernen im Kopf. Ich war also gefangen und wenn doch etwas möglich war, dann ließ ich meine Leute im Stich. Klassenarbeiten standen auch noch in meinem Lernprogramm an, also musste ich dafür auch noch Zeit finden. Ich lernte viel. Lernte mit meinen Karteikarten, die ich jeweils für die anstehenden Klassenarbeiten gemacht habe. Somit sparte ich mir aber dann auch einige Zusammenfassungen. An Tagen, an denen eine Klassenarbeit anstand, zweifelte ich sehr an mir. Konnte ich zwar den Stoff, aber mein Gelerntes nicht abrufen, wirkte ich äußerlich enttäuscht, redete kaum und war innerlich dagegen sehr angefressen. Ich ließ meine innere Wut erstmal zu Hause in meinen eigenen vier Wänden aus. Zerriss dabei Bilder, schlug auf mein Sofa ein und fraß aus Wut alles in mich hinein. Sobald ich mit meiner Note oder auch mit meiner Leistung nicht zufrieden war, eskalierte ich klein, still und leise bei mir zuhause.

**„Du gibst dir Mühe, setzt dich zusätzlich viele Stunden auf den Stuhl und lässt dabei deine Freizeit komplett liegen, nur um am Ende zu versagen."**

Das kennen bestimmt einige von euch. Ich wollte und konnte nicht aufgeben. Aufgeben in jeglicher Form war und ist nie eine Option für mich.

**„Doch wer wirklich will, findet immer einen Weg!"**

Durch die Pandemie, die von Tag zu Tag in Deutschland hinein prasselte und als es dann zu weiteren Lockdowns kam, wurde meine erste Abschlussprüfung verschoben. Meine Gefühle waren gemischt, dennoch versuchte ich durchzuatmen und weiter am Stoff zu bleiben. Während dieser anstrengenden Prüfungs- und Pandemiezeit war meine Therapeutin eine große Stütze für mich. Da ich sie seit guten zwei Jahren an meiner Seite hatte, kannte sie mich schon durch und durch. Wenn es um das Thema Prüfungen ging, dann war sie mit Achtungstellung in Bereitschaft. Sie hat leider miterleben müssen, wie ich meine Mittlere Reife nur mit Würgen und Brechen geschafft habe. Daher kannte sie meine Angst. Meine Angst zu versagen. Was allerdings für meine Therapeutin neu war, waren meine „harmlosen" Ausraster. Dieser „harmlose" Punkt wird mich früher oder später wie eine Walze überrollen, aber dazu später mehr. Da ich jetzt Puffer bis zum Tag der Wahrheit hatte, blieb ich weiter diszipliniert am Stoff dran. Das Lernen lief wunderbar. Natürlich gab es Ausnahmen, wo überhaupt nichts lief und ich meinen Kugelschreiber an die Wand klatschte. Dennoch bekam ich immer mehr Selbstsicherheit und ein besseres Gefühl. Selbst mein absolutes Problemfach Steuerung und Kontrolle (STKO) hatte ich besser im Griff. Pause machen war für mich ein Fremdwort. Allerdings wurde ich für ein paar Tage doch noch zu einer Zwangspause gezwungen. Es stand eine kleine Operation an. Hier geht es zwar nicht um meine Identität, dennoch habe ich mal als Frau gelebt.Meine Vergangenheit hat rein gar nichts damit zu tun. Auch dann nicht, wenn es Leute gibt, die dies bestimmt ganz anders sehen. Das dürfen sie auch. Andere werden darüber urteilen, das dürfen sie auch. Andere werden Gründe suchen, um Ablehnungen zu erteilen, und das dürfen sie. Schließlich herrscht eine Meinungsfreiheit. Dennoch ist es kein Grund, mich dafür zu beleidigen, mich zu bedrohen und Weiteres. Geschweige denn, mich als ein Alien zu sehen. Es ist mein Leben nicht ihres. Ich wiederhole mich sehr gerne. Jeder von uns hat nur ein Leben. Jeder von uns lebt zeitlich begrenzt und jeder von uns möchte sein Leben doch nur so leben, wie er sich das vorstellt. Was bringt Hass? Was bringt Neid? Was bringt es, Menschen kleinzureden?

Es bringt gar nichts. Das ist nur ein Zeichen, dass es Menschen gibt, die unzufrieden mit ihrem Leben sind und das dann an andere rauslassen, die einfach leben wollen!

- Es ist egal, wie sich Menschen sexuell orientieren.
- Es ist egal, ob ein Mensch katholisch, evangelisch oder einer sonstigen Religion angehört.
- Es ist egal, ob ein Mensch schwarz oder weiß ist.
- Es ist egal, ob ein Mensch dick oder dünn ist.
- Es ist egal, ob ein Mensch dies oder das besitzt, glaubt oder ist.

Mensch ist Mensch. Akzeptieren oder ignorieren, aber nicht kritisieren. Kritik und Hass wird es sowieso hageln, aber Respekt fängt an, wie du mit Menschen umgehst! Und mal ehrlich, JEDER erwartet Respekt!

Zurück zum Thema. Meine geplante Operation lief einwandfrei, es gab zum Glück keine Komplikationen. Da ich extrem erschöpft und kaputt war, war das Lernen nicht möglich. Sobald ich aber wieder zuhause war, kannte ich nichts anderes, als meine Karteikarten in die Hand zu nehmen. Ich musste nebenbei stark aufpassen, mich nicht gleichzeitig aufzuregen. Die Gefahr war zu groß, dass meine Nähte auf meiner Brust aufreißen würden. Das Lernen zog ich bis zum entscheidenden Tag durch. Am Tag der Prüfung war ich nervös, angespannt, durcheinander und so gut wie alle natürlich aufgeregt. Alles lief nach meinen Erwartungen, aber das war ja noch mein absolutes Problemfach. Genau in dieser Prüfung funktionierte überhaupt gar nix. Blackout. Ich wusste nichts mehr. Ich wusste nicht mehr das Vorgehen, um entsprechend die Aufgaben zu lösen. Hallo, innere Wut. Hallo, innerer Hass. Am liebsten hätte ich meinen

Taschenrechner aus dem Fenster geworfen und hätte gerne den Raum schreiend verlassen. Ich hätte auch gerne meinen Kopf gegen die Wand gedonnert. Meine Wut war unberechenbar, doch ich wollte mir das nicht anmerken lassen. Ich war so voll mit Hass. Hass, der persönlich gemeint war. Sich zu beruhigen war schwer, aber ich versuchte zu atmen und gab mein Bestes. Ich versuchte, das Beste aus der Situation zu machen, um zumindest ein paar Punkte ergattern zu können. Als das Ganze endlich vorbei war und ich zuhause war, fraß ich alles in mich hinein. Ich ging sogar extra zum nächsten Discounter los, um mir diverse Leckereien zu kaufen. Nach meiner Fressattacke ging es mir noch schlechter. Ich fluchte, beleidigte mich selbst und schlug mit Fäusten auf meinen Kopf ein.

**„Du Wxxxxr, was bist du für ein Idiot.“**
**„Du kannst einfach gar nichts.“**
**„Du bist schuld, du Versager.“**

Meine Wut war stärker als meine Trauer. Mein Hass war stärker als meine Tränen.

Meine Stimmung war in einer Achterbahn gefangen. Bei meiner Therapeutin musste ich mich meistens sehr zusammenreißen, nicht lauter zu werden, da ich auf mich selbst sehr wütend war.

**„Wie wird das dann wohl nächstes Jahr?“**
**„Ich schaffe die Ausbildung sicher nicht!“**

Richtig, denn die ganz große Abschlussprüfung kommt ja erst noch. Das bedeutete für mich, nochmal meine Emotionen an die Grenzen zu bringen. Aber jetzt musste ich erstmal meine erste Abschlussprüfung bestehen, was ich auch zum Glück tat. Bis zur Bekanntgabe meiner Prüfungsergebnisse fiel ich häufig in extreme Fressattacken zurück. Dadurch gab es Tage, an denen ich im Nachhinein den ganzen Tag nichts gegessen habe oder nach einer Fressattacke nur eine kleine Mahlzeit am Ende des Tages zu mir nahm. Das Frustessen war mein Ausgleich. Da ich damals sehr hohe sportliche Ziele hatte, aber keine Kraft dafür aufbringen konnte, war das für mich sehr frustrierend und ließ mich oft ausrasten. Wie im Kapitel zuvor schon erwähnt, habe ich mich selbst verletzt. Glasscherben waren meine Mittel, dennoch gab es auch Momente, in denen ein Cuttermesser mitspielte. Ich bestrafte mich für nicht erbrachte Leistungen, nach Fressattacken, nach schlechten Schichten, nach nicht erledigten Aufgaben und wenn ich Freunden abgesagt habe. Ich habe mich nicht jeden Tag selbstverletzt. Dennoch blieb vieles nicht unauffällig. Meine Hände, die ich gegen die Wände donnerte, mussten auffällig mit Tape verbunden werden. Es gab kürzere Abstände bis zu längere Abstände, in denen keine Selbstverletzung stattgefunden hat und falls doch, dann wurde es schlimmer. Es gab Zeiten, in denen das Cuttermesser die Glasscherben ersetzte. Ich bin immer mehr aus der Bahn gerutscht. In meinem neuen und letzten Ausbildungsjahr passten meine Leistungen trotz Home Learning in der Berufsschule. Auch hier setzte ich mich stundenlang nochmal hin, um mir den Stoff einzuprägen. Ich muss schon zugeben, dass das digitale Lernen bzw. auch der digitale Unterricht nichts für mich war. Es war schwerer, Themen zu verstehen, schwerer zu erklären, wo ich meine Schwierigkeiten hatte und es fehlte eine Ansprechperson im Raum. Wie schon erwähnt, lernte ich auch nach der Berufsschule wieder. Die gleiche Routine wie vor einigen Monaten. Da ich mir selbst keine Auszeit gönnte und ich mich dabei immer mehr vergaß, waren meine Konzentration, Energie und Kraft auf der Arbeit wie verschollen. Meine ganze Energie war aufgebraucht. Bewusst war mir das nicht. Ich machte normal weiter. Passierten irgendwo Fehler, freute sich zuhause mein Kühlschrank. Passierten irgendwo Fehler, freute sich meine Stimme, um zu fluchen und mein Kopf freute sich, gegen die Wand zu donnern. Auf der Arbeit passierte auch immer mehr Negatives, deshalb ging ich auf die Toilette und schaute mich böse im Spiegel an.

**„Du kannst nix, also lass es."**
**„Du hast schon dein ganzes Leben lang verkackt."**
**„Ohne Leistung kein Erfolg."**

Ein Chaos meiner Emotionen und Gedanken, weil meine Leistung auf der Arbeit nicht mehr stimmte. Dieses Tief blieb auch bis zu meiner Abschlussprüfung so. Schon wieder eine negative Phase. Schon wieder ein Teufelskreis. Schon wieder ein Chaos.

Funktioniert A nicht, dann funktioniert B. Funktioniert B nicht, dann funktioniert A. Ich gab meine Hoffnung allerdings nicht auf und war zuversichtlich, dass sich das neue Jahr 2021 für mich ins Gute ändern wird. Auch am Jahresanfang musste ich mit der Pandemie und mit Home Learning klar kommen. Vieles musste ich nacharbeiten und dies hatte die Auswirkung, dass meine Laune schnell in den Keller ging. Meine Therapeutin musste das alles mitansehen. Sie hört mir in jeder Stunde, die wir gemeinsam hatten, aufmerksam zu. Sie glaubte an meine Fähigkeiten, die ich besaß. Wir machten in der schwierigen Zeit öfters Atemübungen, analysierten Bilder und sprachen darüber, was sie jeweils in uns auslösten. Irgendwann kam sogar der Zeitpunkt, an dem ich die Atemübungen und das ganze Drum und Dran ablehnte. Es kam sogar immer häufiger vor, dass ich meine Therapiestunden absagte. Ich sagte sie ab, um meinen Lernstoff entsprechend zu können oder um alles in mich hinein zu fressen. Daraufhin haben wir beschlossen, uns nur noch jede sechste Woche zu treffen. Für mich war das ausreichend. Glaubt mir, das war ein radikaler Fehler! Mir ging es noch schlechter als die Wochen davor. Mein Schlaf war nicht mehr gut, ich war sehr reizbar und war auch mal stundenlang mal nicht erreichbar. Zusätzlich noch die ganzen Streitereien im engen Freundeskreis. Überall nur noch Stress, Ärger, Druck, Negativität, Corona und meine persönlichen Probleme mit mir selbst. Ruhe gab es nicht. Die Kommentare, Beurteilungen, Verurteilungen und Meinungen von außen machten mich nur noch mehr krank. Ich habe immer mehr erfahren und mitbekommen, wie einige Leute hinter meinem Rücken eine große Klappe hatten und über mich sprachen.

**„Der ist voll arrogant.“**
**„Der ist voll abgehoben.“**
**„Der hat sich so ins Negative verändert.“**

Das brach mir das Herz. Das brach mich in Stücke. Das brachte mich immer wieder dazu, mich selbst im Spiegel anzuschreien.

**„Was bist du für ein Mensch?"**
**„Ich bin ein schlechter Mensch."**
**„Ich bin das Problem auf der Welt."**
**„Schau nicht zu dumm, du xxxxxx."**

Der Spiegel litt. Oft dachte ich daran, wie es wäre, den Spiegel zusammenzuschlagen.

Ich habe es mal versucht, aber nicht mit voller Wucht. Gerade denke ich nochmal an diese Situation zurück und mir kommen dabei fast die Tränen. Es tut gerade weh, dieses Ereignis zu schildern, und gleichzeitig kommt mir der Gedanke, dass ich an diesem Tag gerne mein Leben beendet hätte. Die Zeit zwischen Abschlussprüfung, Arbeit, Therapie und Problemen zog sich. Während dieser Zeit zog ich im selben Landkreis in einen anderen Ort um. Auch hier bedanke ich mich sehr herzlich bei einer Person. Ich bin dankbar, dich an meiner Seite zu haben und dass du es ermöglicht hast, in meine neuen vier Wände zu ziehen. Fette und Dankbare Grüße gehen raus an die Person, die mir das ermöglicht hat. Ich bin stolz auf uns, dass wir eine Freundschaft durch unsere abgeschlossene Ausbildung haben und sie bis heute hält!

Auch nach dem Umzug zogen die Tage sehr langsam an mir vorbei. Dagegen rückten meine Abschlussprüfungen näher. Ich fühlte mich im Gegensatz zum letzten Jahr perfekt vorbereitet. Als der entscheidende Tag kam, war ich entspannter als letztes Mal.

Hoffnung, dass alles Schlechte jetzt endlich endet?

Hoffnung, dass meine Wut jetzt endlich endet?

Ich hatte Hoffnung!

Ich habe sehr stark daran geglaubt, dass jetzt alles besser wird. Also ging ich mit einem guten Gefühl in meine Abschlussprüfung und erledigte die schriftlichen Aufgaben in Ruhe. Diesmal hatte ich auch keinen Blackout, geschweige denn eine Panikattacke. Es lief. Es lief alles nach Plan. Ich war nach der ganzen Sache befreit und fühlte mich auch so. Meine Laune war nach einer langen Zeit mal echt gut. Nur dauerte es leider wieder zu lange, bis meine Ergebnisse da waren. Das bedeutete ein leichtes Gedankenspiel für meinen Kopf. Während der ganzen nervigen Warterei auf meine Prüfungsergebnisse war ich in Leipzig unterwegs, um mich einer weiteren Operation zu unterziehen. Es gab minimale Komplikationen, dennoch verlief der Großteil der Operation gut. Diesmal waren meine Schmerzen echt nicht angenehm. Ich wurde echt mit vielen Schmerzmitteln und Infusionen vollgepumpt, sodass sogar mein rechter Arm anschwoll. Da jetzt nur noch die mündliche Prüfung anstand und sie erst sehr spät war, konnte ich mich darauf in Ruhe vorbereiten. Mein Karteikartenstapel war auf jeden Fall ein Foto wert. Nach guten vier Wochen nach meiner Operation war der Zeitpunkt da, an dem ich mündlich abliefern musste. Bevor ich aber dazu komme, schreibe ich hier noch kleine Sätze während der Zeit meiner „Erholung" rein. Während meiner „Erholung" von meiner Operation ging es mir gut und ich hatte nach einer langen Zeit wieder ein kleines Lächeln im Gesicht. Ich hatte keine Wutausbrüche, keinen Selbsthass und ich verletzte mich nicht selbst. Natürlich gab es einzelne Tage, an denen meine Stimmungsschwankungen bemerkbar wurden, aber ich sehe das als normale Schwankungen, die jeder von uns eben hat.

Als dann, wie schon erwähnt, der Zeitpunkt kam, an dem ich abliefern musste, war ich entschlossen zu beweisen, dass ich die mündlichen Prüfungen schaffen werde und dass ich definitiv kein Versager bin. Ich habe während meiner mündlichen Prüfung gehofft, dass ich kein schwieriges Thema ins Gesicht gesagt bekomme. Das Gute an der mündlichen Prüfung war, dass es zwei Kategorien gab, wofür ich mich für eine Kategorie entscheiden durfte. Was ich auch schnell tat, denn es gab ein Themenfeld, was ich gar nicht beherrschte. Leider erinnere ich mich nicht mehr daran, was das erste Thema beinhaltete. Also entschied ich mich für das Thema Inventur. Merkwürdig, wieso ich mir ausgerechnet mein Prüfungsthema noch merken konnte. Mir fiel es sehr leicht, über die Inventur zu sprechen. Bloß habe ich das vor lauter Aufregung zu schnell runtergerattert.

Ein Tipp: Bitte niemals eine mündliche Prüfung unterschätzen. Zehn oder auch fünfzehn Minuten können sich dann doch wie eine halbe Ewigkeit anfühlen. Das versetzte mich innerlich in Panik, denn so konnten meine Prüfer und Prüferinnen mir noch genügend Fragen stellen. In diesem Moment dachte ich, es sei vorbei. Ich habe meine Ausbildung nicht geschafft. Gerne hätte ich den Raum verlassen und die Glasfenster zerstört. Kein Spaß. Nicht im Raum in Panik zu verfallen, fiel mir schwer. Ich versuchte zu atmen und ich hätte an diesem Tag echt einen Igelball gebraucht, um mich selbst wahrzunehmen. Die Fragen waren zum Teil echt schwer, aber ich versuchte möglichst passende Antworten zu geben. Mit Erfolg. Ich musste nach meiner absolvierten Zeit für wenige Minuten vor die Tür.

**„Ich habe es bestimmt nicht geschafft."**
**„Es war so schlecht. So schlecht wie ich."**
**„Das Leben ist vorbei."**

Ich war sehr unruhig, angespannt und hätte mich, je nachdem wie schlecht ich abgeschnitten hätte, definitiv umbringen können. Kein Witz. In diesem Moment wusste das niemand. Niemand wusste, dass ich mir Pläne geschmiedet habe, falls ich die Prüfungen nicht bestehen würde. Ich bin froh, dass es nicht dazu gekommen ist. Als die Türe aufging und ich den Raum betrat, sah ich unter den ganzen Masken ein kleines Lächeln. Meine Anspannung flog direkt davon. Ich habe auch die mündliche Prüfung bestanden und hatte somit eine Ausbildung in der Tasche. Mir war zwar bewusst, dass ich meine Ausbildung endlich geschafft habe, aber meine Freude hielt sich in Grenzen. Klar grinste ich übers Gesicht, dennoch fehlte der innere Schalter, mich komplett darüber zu freuen und mit dem Kapitel abzuschließen. Eine richtige und große Freude sieht wirklich anders aus, als nur übers Gesicht zu grinsen und ab und zu mal eine Umarmung zu kassieren.

**„Ein Grinsen im Gesicht heißt nicht, dass du dich innerlich freust."**

Irgendetwas raubte mir meine Freude. Keine Ahnung, was los war, oder etwa doch?

Nach meinem Aufenthalt in Leipzig habe ich einen Brief von meiner Krankenkasse erhalten. Die Krankenkasse übernahm die Kosten meiner Therapie nicht mehr. Am selben Tag, noch an meiner mündlichen Prüfung hatte ich am Abend meine letzte Therapiestunde. Für mich war das unbegreiflich. Mir ging es nicht gut und die Krankenkasse kündigte einfach. Für mich war das ein Schlag ins Gesicht. Na gut, einfach so eine Kündigung kann ich das nicht nennen. Ich war einfach zu alt. Mit einundzwanzig Jahren brauchte ich eine Therapie für Erwachsene. Meine Therapeutin wusste schon viel früher von der Kündigung und sie kämpfte darum, um zumindest unsere restlichen Stunden noch erhalten zu können. Leider war das ohne Erfolg. Sie gab zu, dass sie mir diese negative Nachricht nicht mitteilen wollte. Mir ging es ja nicht gut, hatte selbst mit mir zu kämpfen und deshalb wollte sie mich schützen. Gerne hätte ich die Kündigung früher gewusst, denn dann hätte ich Ausschau halten können. Hätte mir einen anderen Therapeuten gesucht und hätte eventuell ein bisschen die Wartezeit bis zur letzten Therapiestunde überbrücken können. Das war der Grund, warum ich meine bestandenen Prüfungen verdrängt habe und ich mich gar nicht über meinen Erfolg freuen konnte.

**„Wie soll jetzt mein Leben ohne jegliche Therapie weitergehen?“**
**„Schaffe ich ohne Therapie, mich aus der Leere rauszuholen?“**

Ich fühlte nichts mehr außer eine innere tiefe Leere. Ich fühlte nur noch Schmerz in meiner Seele. Meine Fragen blieben auch unbeantwortet. Verzweifelt versuchte ich, Antworten auf meine offenen Fragen zu finden. Keine Ahnung, wohin mich das führen würde. Keine Ahnung, wohin mein Weg führen würde. Aber genau dieser Tag brachte in den weiteren Tagen, Wochen und Monaten mein Kartenhaus endgültig zu Fall...

# 5 Fehlende Kraft

- „Ich schaffe das irgendwie schon."
- „Alles wird wieder gut."
- „Ich finde keinen Ausweg."
- „Wann hört das Ganze endlich auf?"
- „Auf keinen Fall eine stationäre Behandlung."
- „Ich liebe den Alkohol."
- „Ich bin an allem schuld!"
- „Ich kann nicht mehr."
- „Mich wird eh keiner vermissen."

Da war ich nun. Komplett auf mich allein gestellt. Wie geht es nun weiter mit mir? Schließlich hatte ich keine Therapie mehr, weder noch einen Therapieplatz. Ich brauchte lange, die Kündigung von der Krankenkasse zu verarbeiten. Es fiel mir sehr schwer, damit umzugehen und zu akzeptieren. Immer wieder kam mir dennoch in den Sinn, dass alles wieder gut wird und alles ein gutes Ende nimmt. Was soll jetzt noch passieren?

Die Prüfungen sind vorbei, die Ausbildung habe ich geschafft und meine allgemeine Mühen in meinem Leben haben sich doch ausgezahlt. Jetzt kehrt doch endlich Ruhe ein, oder etwa nicht?

Mir fehlte die Energie und die Sichtweise, um zu verstehen, was los mit mir war. Ich grübelte viel nach und versuchte verzweifelt, eine Erklärung zu finden. Eine Erklärung, warum ich mich nicht über meinen Erfolg freuen konnte und warum ich nicht mit mir zufrieden war. Vielleicht hatte ich das Gefühl, dass mein endgültiger Tiefpunkt mich bald überrollen wird. Vielleicht hatte meine Vergangenheit damit zu tun und ich hatte doch noch nicht alles verarbeitet. Dass sie mich stattdessen einholt und ich deshalb keine Antwort auf meine offenen Fragen finde. Ich wusste gar nichts. Ich wusste nur, dass es mir nicht gut ging und mein Lachen nicht mehr echt war.

Da ich meine Ausbildung erfolgreich beendet hatte, ging für mich endlich der „richtige“ Berufsalltag los. Mein Alltag bestand sowieso nur noch aus Arbeit und der Pandemie. Zwischen Lockdown, Verordnungen, die ständigen Veränderungen, testen, Impfempfehlungen und die Maskenpflicht haben mich oft gedanklich dazu gebracht, sich diese ganzen Worte irgendwo auf der Haut tätowieren zu lassen. Es drehte sich alles nur noch um Corona. Natürlich hatte mein erstes Tattoo nichts mit Corona zu tun. Mein erstes Tattoo wurde das Wort „Loyal“ auf meinem rechten Unterarm. Eine Verbindung mit meinem Lieblingsmusiker Kontra K.

Corona war auch bei der Arbeit ein sehr großes Thema. Schließlich musste ich mich auch dort den Veränderungen anpassen. Die Veränderungen waren nicht leicht. Jeder hatte damit zu kämpfen, andere mehr und andere weniger. Dennoch machte das keinen Spaß. Am schlimmsten war für mich persönlich definitiv der Hinweis auf die Maskenpflicht. Also die Maskenplficht gegenüber den Kunden aufmerksam zu machen. Persönlich hat mich die Maske nicht gestört. Mir machte es auf jeden Fall keinen Spaß, dies zu tun. Diese arroganten, bösen und üblen Kommentare, die im Nachhinein zurückkamen, haben mein Selbstbewusstsein zerstört und Mut hatte ich sowieso keinen mehr. Allgemein bin ich der Meinung und davon überzeugt, dass die Pandemie meine gesundheitliche Lage zusätzlich verschlimmert hat. Diese ganzen Lockdowns sperrten mich in den eigenen vier Wänden ein. Ausgerechnet jetzt, wo ich wirklich bereit war, Dinge zu tun, die ich längst erleben wollte. Ich kannte nur noch das tägliche aufstehen, arbeiten, einkaufen, fernsehen schauen und schlafen. Eine ziemlich einseitige und depressive Routine. Erinnert mich sehr an meine Ausbildungszeit. Diese Zeit war genauso einseitig, bloß war ich so in meinem Film fokussiert, dass ich jetzt erst begreife, was geschehen ist. Sich zu Hause zu beschäftigen, war nicht leicht. Natürlich hatte ich keinen Lernstoff vor meinen Augen. Ich hatte nichts mehr zu tun. Jeden Tag die Wohnung putzen? No way!

Ich habe sowieso jeden verfluchten Tag meine Wohnung gekehrt.

Mir kamen keine Ideen zum Vorschein. Ich hatte keine Ideen, was ich zu Hause hätte tun können. Also saß ich nur still in der Wohnung rum. Machte ab und zu ein paar Liegestütze, hörte Musik und bin in Fressattacken verfallen. Dann kam auch noch der Punkt, an dem sich meine Ängste in der Pandemie verschlimmert haben. In meinem ganzen Leben hatte ich noch nie Probleme gehabt, mit dem Bus oder mit dem Zug zu fahren. Diese Zeiten waren somit vorbei. Jedes Mal, wenn ich auf den Bus gewartet habe, fing mein Herz an zu explodieren, ich bekam Schweißausbrüche und mir war echt übel. Im Zug ging es mir ähnlich. Hin und wieder hatte ich dadurch Nasenbluten. Völliges Neuland für mich. Ich kannte das keinen Zentimeter. Für mich war das Busfahren immer eine Entspannung. Genauso wie das Zugfahren. Schön die Kopfhörer ins Ohr zu stecken, um Musik zu hören und die Achtsamkeit aus dem Fenster zu werfen. Es war nicht mehr möglich, dies zu tun. Ich schaffte es nicht mehr, meine Aufmerksamkeit nach draußen zu lenken.

Besonders, wenn viele Leute oder Jugendliche im Bus oder Zug waren, hatte ich Angst. Angst vor der Enge, Angst vor der Menge und Angst, ein Störfaktor zu sein. Wenn die Leute mich so angestarrt haben, dann wollte ich flüchten und ich hatte das Gefühl, dass sie mich auslachten oder über mich reden.

**„Schau mal, was der für Klamotten trägt.“**
**„Klein und schwach.“**
**„Der ist voll winzig.“**

Die Sätze gingen mir nicht mehr aus dem Kopf. Auch bei der Arbeit machte ich einige Schritte zurück. Jeweils leistungstechnisch aber auch kundentechnisch. Wenn mir Kunden zu nahekamen, dann bin ich immer ein paar Schritte zurückgegangen. Einige machten sich darüber lustig und ich dachte mir nur dabei, wieso meine Ängste mich so kontrollierten. Ich fühlte mich generell immer unwohler, unter Menschen zu sein. Mal kurz in die Stadt zu gehen oder mal kurz raus zu gehen, kosteten mich viele Überwindungen. Ich war froh, wenn ich mal nicht raus musste. Selbst das ist für meine normale Verhältnisse ungewohnt. Ich mochte und mag es sehr, unter die Menschen zu gehen, aber was hat sich in mir verändert, dass es jetzt Überwindungen kostet? Wieso hatte ich Angst vor Menschen? Wieso hatte ich Angst vor Massen? Wieso hatte ich überhaupt Angst? Hatte ich etwa Angst, dass mir etwas passieren könnte? Hatte ich etwa Angst, dass mir jemand etwas antut?

Ungeklärte Fragen. Also trug ich meine Probleme brav mit mir mit. Ich war definitiv kein Stück glücklich. Meinen Kummer habe ich mit hohen Kalorien gestillt und oft brach ich danach in voller Wut aus. Gläser flogen durch die Wohnung, Scherben schnitten meine Haut und meine Fäuste prallten gegen die Wände. Was war bloß los mit mir? Was war aus mir geworden?

Ich war nicht mehr derselbe. Ich erkannte mich nicht mehr. Eine fremde Person stand jeden Tag mit leeren Batterien auf und versuchte, den Tag zu überleben. Meine Fehler bei der Arbeit nahmen in meinen Augen dramatisch zu. Nebenher machte ich mit voller Absicht Überstunden, um nicht in Gedanken zu verfallen. Zwischen drinnen hatte ich schon einige Gespräche mit meinen Vorgesetzten gehabt, weil sie merkten, dass etwas mit mir nicht stimmte. Eine Erklärung abzugeben, war kaum möglich. Hatte ja für mich selber keine Erklärung. Was ich wusste, war, sobald ich einen Fehler bei Bestellungen gemacht habe, meine persönlichen Aufgaben sowie betrieblichen Aufgaben nicht geschafft habe und nachdachte, was der ganze Mist soll, bin ich zuhause ausgerastet oder saß einfach mal still in eine Ecke leer da. Mein Schlaf wurde schlechter. Normalerweise reichen mir sieben Stunden Schlaf, aber es gab Nächte, in denen es vielleicht nur drei Stunden Schlaf waren. Meine Albträume nahmen hin und wieder mal kräftig zu. Ich hätte jeden Morgen duschen können, da ich sehr verschwitzt aufgewacht bin. Ein- und Durchschlafen waren eine Herausforderung. An Sonntagen habe ich zum großen Teil meiner schrecklichen Zeit oft tagsüber geschlafen, weil ich stark erschöpft war. Und jetzt wieder diese eine Frage: Wann hörte mal das Ganze auf?

So konnte es nicht weitergehen. Ich habe Hilfe gebraucht und ich nahm meine Situation ernst. Einige in meinem engen Kreis mussten den Mist leider mitansehen und ertragen. Sie mussten meine schreckliche Laune ertragen, meine Schwankungen ertragen und mein Leiden. Emotional war ich so geknickt, dass jede Kritik, jedes Wort, jeder Satz und einige Situationen mich fertigmachten. Als hätte es das Leben so mit mir gewollt. Als hätte ich das so nicht anders verdient. Doch ich wollte mich nicht hängen lassen und weitermachen. Ich machte mir oft Pläne, schrieb sie mir auf, um so zu versuchen, wieder in die richtige Spur zu gelangen. Ein großer Plan von mir war, dass ich gerne etwas Ehrenamtliches machen wollte. Mein Wunsch ist es schon lange, mich ehrenamtlich zu engagieren. Allgemein nebenbei, sich für kranke und benachteiligte Menschen einzusetzen. Aber auf meinem Plan stand nicht nur, sich ehrenamtlich zu engagieren, sondern auch der Sport. Da meine soziale Kompetenz so kaputt war und ich dringend Veränderungen wollte, surfte ich viel im Internet. Während meines Internetmissbrauchs kam mir die Idee, mich noch beruflich anders zu orientieren. Wenn dann schon eine Veränderung, dann radikal. Auf der Suche nach einer ehrenamtlichen Tätigkeit wurde ich schnell fündig. Da ich mich, wie schon erwähnt, für die Medizin interessiere, wäre mir die ehrenamtliche Tätigkeit im Rettungsdienst zugutegekommen. Anrufen konnte ich nicht. Ja, das ist mein Ernst. Also schrieb ich eine Mail und siehe da, ich bekam auch schnell eine Rückmeldung zurück. Ich hatte eine ehrenamtliche Tätigkeit in der Tasche. Leider waren meine Ängste stärker und ich habe mich nie getraut, hinzugehen. Anstatt darüber zu reden, um eine Möglichkeit zu finden, habe ich keine erneute Mail geschrieben, weder noch einen Schritt aus der Türe gemacht. Auch meinen sportlichen Plan wollte ich durchziehen und ich erhielt auch Zusagen, allerdings bin ich aus Angst nicht hingegangen. Dadurch fühlte ich mich so schlecht, weinte dabei, war verärgert, fraß alles in mich rein und war tief in meinen Gedanken gefangen. Was die Suche nach einem neuen Psychiater betrifft, das war alles andere als leicht. Dennoch gab ich mir einen Ruck, um die Suche nicht schleifen zu lassen. Die Suche allgemein auf

Therapieplätzen ist allgemein sehr schwierig. Wartezeiten gehen über ein halbes Jahr hinaus oder Aufnahmen sind schon gar nicht mehr möglich. Eine traurige Angelegenheit und mich persönlich macht es ebenfalls sehr traurig. Immer mehr Menschen sind auf psychische Hilfe angewiesen, aber leider ist alles bis zum Limit ausgelastet.

Die Gefahr, dass die betroffenen Personen weiter starke Rückschritte machen, ist enorm. Bei meiner Suche nach einer psychiatrischen Hilfe hatte ich leider noch keinen Erfolg. Natürlich litt ich ebenfalls stark unter den Bedingungen, einen Psychiater zu finden. Meine Kräfte gingen immer weiter aus und ich verlor die Disziplin, dranzubleiben. In dieser Zeit nahm ich ab und zu alkoholische Getränke zu mir. Es ist ungewohnt, sich mit Alkohol zu befriedigen. Da ich kaum Alkohol trinke, war das definitiv ungewöhnlich. Die Spuren meines Vaters? Hoffentlich nicht. Ich wirkte von Tag zu Tag depressiver und fühlte mich auch so.

**„Du hättest früher reagieren müssen.“**
**„Du bist schuld an deiner Situation.“**
**„Du bist ein Versager.“**

Ich versank in tiefe Gedanken und mein Befinden war wie in einem Hamsterrad. Zum Glück fand ich einen ersten Ausweg aus meinem Chaos. Ich holte meinen Hausarzt mit ins Boot. Er war sehr um mich besorgt. Machte sich viele Gedanken. Er schrieb mich auch immer öfter krank und wir haben uns auch zusammen entschieden, dass ich Antidepressiva nehme. Die Antidepressiva, die mein Hausarzt mir verschrieben hatte, kannte ich schon in- und auswendig. Im Alter von fünfzehn bis zu meinem achtzehnten Lebensjahr nahm ich täglich Tabletten zu mir. Damals halfen sie mir und ich setzte auch diesmal alles darauf, dass die Antidepressiva etwas an Stabilität zurückgeben. Denn jeden Tag morgens aufzustehen war nur noch eine Qual, mir fehlte die Kraft, die Kraft, einen Schritt zu machen und wichtige Dinge zu erledigen. Alles war nur noch anstrengend und eine große Last für mich. Dabei noch diese verfluchten Fressattacken. Die Attacken waren mal mehr und mal weniger. Es kam ganz darauf an, wie es mir ging, welche Situationen mich runterzogen und was sich in meinem Kopf abspielte. Mal kamen meine Attacken jeden zweiten Tag, mal jeden dritten Tag und mal jede Woche einmal. Finanziell ließ ich für Lebensmittel gefühlt ein Vermögen liegen. Auch für diverse Lieferketten ging einiges an Geld drauf. Was ich sehr oft inhaliert habe, waren gekochte Nudeln mit Pesto. Das war aber noch nicht alles. Bevor meine Nudeln gekocht waren, inhalierte ich schon einzelne Schokoriegel, Sandwiches und Fertigkaffees. Dies aß ich auf dem Weg nach Hause. Zuhause ging es dann weiter. Natürlich alles brav vor den ganzen Nudeln. Ich schaffte es sehr oft, die ganze Packung gekochte Nudeln mit Pesto zu verschlingen. Manchmal kam da noch Parmesan oder ein anderer Käse drauf.

Mein Bauch kam ans Limit, aber ich konnte nicht aufhören. Eis ging so gut wie immer noch rein. Also haute ich mir noch eine ganze Packung Eis hinein. Das Eis war für mich kein Genuss mehr, sondern Zucker pur. Ich liebe die Eissorten von Ben & Jerry's und die gab es zum Großteil in jeder meiner Fressattacken. Durch die Fresserei trank ich nebenbei noch zwei bis drei Liter Wasser. Das viele Salz, Fett und der Zucker machten mich extrem durstig. Nach den Attacken war jegliche Bewegung schwer. Alles spannte sich und ich fühlte mich widerlich. Einen ruhigen Schlaf an diesen Tagen zu finden war kaum möglich. Der nächste Tag war in meinen Augen nicht besonders toll. Wassereinlagerungen, Blähungen und ich fühlte mich genauso widerlich wie am Abend davor. Es gab Tage danach, an denen ich den ganzen Tag nichts aß und auch nichts trank. Es gab aber auch Tage danach, an denen ich erst am Abend eine kleine Mahlzeit zu mir nahm. Ganze zwei Tage brauchte mein Magen, um sich wieder zu erholen. Dennoch ging es dann wieder von vorne los, bis ich sogar zu Abführmitteln gegriffen habe. Selbst heute noch greife ich zu Abführmitteln, um meine Attacken auszugleichen. Meine Einkäufe für Abführmittel möchte ich echt nicht wissen. Genauso wenig meine Einkäufe von den ganzen Fressattacken. Ich weiß allerdings, dass meine Einkäufe immer zwischen fünfzehn und fünfundzwanzig Euro waren. Ich habe nicht auf Angebote geschaut, sondern alles eingepackt. Bei den Lieferketten war ich Preislich zwischen zwanzig und dreißig Euro. Ich bestellte dort Pizza, Pasta, Wraps und meine Lieblingseissorte. Definitiv ein sehr teures Spiel. Deswegen möchte ich es echt nicht wissen, was das insgesamt gekostet hat und kostet. Wie schon ein paar Sätze oben erwähnt, fiel mir jegliche Bewegung nach einer Attacke schwer und ich fühlte mich widerlich. Sobald mein Magen das meiste verdaut hatte, kamen meine Aggressionen und mein innerer Selbsthass zum Vorschein. Meine Wutausbrüche waren außer Kontrolle. Ich trank sogar einmal eine halbe Flasche Jack Daniel's auf nüchternen Magen. Hatte ich schon zwei bis drei Zügen intus, ging das Geschrei los. Ein Geschrei, was keiner erleben möchte. Ich bestrafte mich für alles selbst. Ich bestrafte mich für alles, was in meinem Leben passiert ist. Ich hatte die Gedanken, an allem schuld zu sein. Dass ich meinen Frust nicht in eine sportliche Aktivität umwandeln konnte, frustrierte mich noch mehr. Klar, ich war zu dem Zeitpunkt im Fitnessstudio angemeldet und ging nebenbei ab und zu Fußballspielen. Dazu habe ich mit ernsten Blicken Bilder geschossen, um sie im Nachhinein in meiner Instagram-Story zu posten. Dazu noch die schönen Sätze dazu geschrieben „Ab morgen Diät!", „Focused" und vieles Weitere. Das ging vielleicht zwei Tage gut und sonst wars das. Ich fiel immer wieder in alte Muster zurück. Ziemlich eingebildet, oder? Oder doch krank?

Leider habe ich bis heute meine Ernährung nicht im Griff und auch meine sportliche Aktivität nicht. Was mich bis heute deprimiert und an mir selbst zweifeln lässt. Ein Ausweg aus diesem Teufelskreis war und ist weiterhin nicht in Sicht. Meine Situation damals wurde auch allgemein kein Stück besser. Dadurch erhöhte mein Hausarzt und auch ich meine Dosis von den Antidepressiva. Als das Jahr 2021 endlich zu Ende ging, kam mir ein kleiner Hoffnungsschimmer doch noch entgegen. Im Dezember, bevor das Jahr sich verabschiedet hatte, hatte ich endlich einen Psychiater gefunden. Nur leider betrug die Wartezeit ein ganzes Jahr und er war auch nicht gerade in meiner Nähe. Mir war das egal und mir war es auch egal, wenn ich dann ständig nach Ulm mit dem Zug fahren musste. Es war schon schwer genug, jemanden zu finden. Ich kannte nur ein Ziel. Das Ziel, wieder gesund zu werden!

Diese gute Nachricht pushte mich. Sie pushte mich, dran zu bleiben und nicht aufzugeben. Als das neue Jahr 2022 anfing, hatte ich einen Termin in einer Tagesklinik in Stuttgart. Irgendwie kam für mich eine stationäre Behandlung nicht in Frage. Nebenbei waren mein Hausarzt, vereinzelte Freunde und auch ein paar enge Kollegen von mir meine treuen Begleiter. Ich hatte jedoch große Schwierigkeiten, über meine Probleme zu reden und konnte meistens nur mit meinem Hausarzt darüber sprechen.

Meinem Hausarzt erzählte ich vieles. Dass ich mich nur noch in die Arbeit quälte, es nicht schaffte, aus dem Haus zu gehen, mein soziales Umfeld im Stich ließ, Termine nicht mehr wahrnehmen konnte, nicht mehr schlafen konnte, mich Alpträume plagten, alles in mich rein fraß und ich mich teils stark selbst verletzte. Ich erzählte ihm sogar, dass ich mich an Wochenenden oder auch an meinen freien Tagen unter einer Decke verkroch und weinte. Dabei schob ich mir wieder für alles die Schuld zu. Für alles, was mir im Leben passiert ist. Für alles, was ich erlebt habe. Selbst vor einem Spiegel zu stehen war für mich fremd. Ich konnte mich selbst nicht mehr ansehen und begegnen. Ganz ehrlich, ich wollte schon gar nicht mehr. Immer wieder hockte ich mich hin und machte mir Pläne. Pläne, falls alles noch weiter eskaliert.

**„Vermissen wird mich eh keiner."**

Eine alarmierende Situation. Da auch immer mehr Sätze von angeblichen „Freunden" auf mich einprasselten, blieb mir nichts anderes mehr übrig, als die negative Sichtweise bei sich selbst zu sehen und sich runterzumachen.

**„Du bist an deiner Situation selbst schuld."**
**„Du stehst dir selbst im Weg."**
**„Die Kacke hast dir selbst zuzuschreiben."**
**„Du schießt deine Freunde selbst weg."**
**„Was bist du für ein Bruder?!"**

Diese Sätze sind tief in meinem Kopf verankert. Mein Vertrauen schrumpfte immer mehr. Auch der Termin in der Tagesklinik in Stuttgart war für die Tonne. Selbst die Ärztin meinte:

**„Ich stehe mir selbst nur im Weg."**

Sie ist mir mit ihren Worten mir echt an den Hals gegangen. Provokant und respektlos nenne ich das. Ich hatte so eine Wut in mir. Ich wollte das alles nicht wahrhaben. Ich konnte es nicht begreifen, was gerade abging. Als würde mir keiner glauben. Als würde ich alles erfinden und spielen. Aus mir krochen alle Emotionen hinaus. Trauer, Wut, Hass und die innere Leere. Ich habe begriffen, dass ich selbst das Problem bin. Ich stand völlig neben mir.

Nach dem katastrophalen Termin beschloss ich, auf die Therapie in Ulm zu warten. Irgendwie würde ich das schon schaffen. Vertrauen ist nicht meine Stärke und es fällt mir echt schwer, aber dieser Termin zeigte mir, dass mir eh keiner glauben würde.

**„Dir glaubt eh keiner."**
**„Sagte ja, es ist rein deine Schuld."**

Ich stand in einem Labyrinth. Meine Stimmungsschwankungen wurden immer schrecklicher. Sogar so schrecklich, dass sich viele in meinem engen Kreis von mir distanzierten. Das hat mich sehr getroffen. Ich bin zwar eine Person, die sich an nicht so guten Tagen selbst distanziert, aber in mir hat es einiges ausgelöst.

**„Ich bin alleine."**
**„Dich will keiner haben."**
**„Das Leben macht keinen Sinn mehr."**
**„Ich bin das Problem."**
**„Nutzloses Ding."**

Chaosgedanken. Heute weiß ich, dass sie überfordert waren und nicht wussten, wie sie mir helfen konnten. In dieser schrecklichen Zeit habe ich es nicht verstanden, sondern persönlich genommen. Ich gab nicht auf und wollte mich weiterhin nicht hängen lassen. Im Gegenteil. Ich entschied mich erneut, mich nach einer Tagesklinik umzuschauen. Da es schon am Telefon Probleme mit der Tagesklinik in Esslingen gab, habe ich mich für die Tagesklinik in Göppingen entschieden. Ich bekam zeitnah einen Termin zum Vorgespräch. Es konnte so nicht mehr weitergehen. Niemals würde ich die Wartezeit bis zur Behandlung durch meinen neuen Psychiater überstehen. Mir fehlten Routinen, aber auch an Sichtweisen meiner Fähigkeiten. Für mich war klar, dass ich nutzlos war und nichts auf der Welt konnte. Einen Tag vor meinem zweiundzwanzigsten Geburtstag schrieb mich mein Hausarzt endgültig für längere Zeit krank. Da ich mich auf der Arbeit nur noch kaputt machte, um auf andere Gedanken zu kommen, waren Überstunden, Pause kürzen und zusätzliches Erscheinen Alltag. Damit war dann ab der Krankmeldung Schluss. Ich schämte mich. Ich schämte mich, krank zu sein und gleichzeitig hasste ich das auch. Mein Puls stieg mir in den Hals, weil ich Angst hatte, meinen Krankenstand anzugeben. Mir blieb nichts anderes übrig. Vor mir lag ein sehr großer Berg. Da ich jetzt arbeitsunfähig war, hatte ich noch mehr freie Stunden am Tag übrig und ich musste irgendwie schauen, wie ich sie gestalten konnte. Das war für mich völlig unmöglich. Falls ich es doch mal schaffte, wurde mir alles viel zu viel.

Ich bin ein Typ, der wenig Schlaf braucht und kein Langschläfer ist. Somit stand ich so gut wie jeden Morgen um 6:00 Uhr auf. Ich trank jeden Morgen meinen Kaffee, machte mich frisch, ging einkaufen oder fuhr mal nach Stuttgart und versuchte so den Tag zu „überleben“. Oft bereute ich mein Vorgehen. Mir war das einfach zu viel. Hatte keine Kraft dazu. Selbst einkaufen war für mich mit Stress, Druck und Angst verbunden. Das machte mich extrem fertig. Aber ich wollte meine Ängste ständig in Angriff nehmen und dagegen ankämpfen und wollte mich nicht völlig im Stich lassen. Ich wollte nicht vierundzwanzig sieben auf der Couch liegen. Das war und ist nicht meine Art. Ich wollte mir selbst beweisen, dass ich mich nicht unterkriegen lasse und ich auch selbst diesen schlimmen Zustand nicht ertragen konnte. In wenigen Wochen ging dann gar nichts mehr. Einkaufen war nur noch eine Qual. Nach Stuttgart bin ich keinen Meter mehr gegangen. Ich war nur noch zuhause und schaute ungewohnt am Vormittag Frauentausch im Fernseher. Selten ging ich mal raus spazieren, aber ich nahm mehr unkontrolliert Nahrung zu mir. Am liebsten wäre ich nie mehr raus gegangen, aber ich wollte mich nicht hängen lassen. Hatte ich jedoch einen Termin bei meinem Hausarzt, dann blieb mir nichts anderes übrig, als die Wohnung zu verlassen. Ich musste mich ernsthaft vor die Türe quälen. Von Wutausbrüchen und Selbstverletzungen blieb ich auch nicht verschont. Während dieser Isolation stand ich schon auf der Warteliste der Tagesklinik in Göppingen. Das Gespräch war im Gegensatz zu Stuttgart sehr gut und hilfreich. Genauso hätte ich mir das auch in Stuttgart gewünscht. Ich fühlte mich in Göppingen ernst genommen und verstanden. Dieses Gespräch war auf Augenhöhe. Die Wartezeit betrug vier bis sechs Monate. Wozu ich sagen muss, dass eine Wartezeit von vier Monaten in der jetzigen Zeit ein Traum ist. Es wurde allerdings noch betont, dass, wenn ich selbständig darum kümmere, regelmäßig anrufe, um den Stand der Dinge zu erfahren, dann würden die Chancen auf eine frühere Aufnahme bestehen. Natürlich ist eine entsprechende Entlassung von den jeweiligen Teilnehmern notwendig. Das war für mich eine Erleichterung. Da ich dringend Hilfe benötigte, nahm ich das Angebot dankbar an. Jede dritte bis vierte Woche versuchte ich mein Glück. Also nur zweimal, grins. Telefonieren ist gar nichts für mich und ich musste mich daher überwinden. Schweißausbrüche sind keine Seltenheit. Beim ersten Telefonat hatte ich leider keinen Erfolg. Da hieß es, ich sei laut Warteliste erst im Juni dran. Logisch, hatten auch erst Anfang April. Mir wurde aber dann doch noch am Telefon erzählt, dass ich nach Ostern erneut mein Glück versuchen soll. Genau dies tat ich dann auch. Nach meinem zweiten Anlauf hatte ich Erfolg. Meine Bemühungen haben sich ausgezahlt und ich wurde dafür belohnt. Die Tagesklinik wollte mich direkt nächste Woche aufnehmen, bloß konnte ich ausgerechnet genau da aus persönlichen Gründen nicht. Und schon ging mein Selbstwertgefühl wieder den Bach runter. Mein Hausarzt grätschte ausgerechnet in der Woche, in der die Aufnahme stattfinden sollte, rein. Ich war nur froh, dass das keinen Einfluss auf meine Behandlung hatte. Die Klinik und ich einigten uns auf eine Aufnahme in der kommenden Woche. Bingo!

Jetzt konnte doch nur noch alles besser werden. Zwei Wochen vor meiner Aufnahme lebte ich wie die Tage davor auch. Keine Kraft, keine Motivation, Müdigkeit, schlapp und mich weiterhin bestrafend. Einfach in den Tag leben und mich durchkämpfen. Sich aus so einer erniedrigen Routine zu beißen ist alles andere als leicht. Ich war auf jeden Fall die letzten Tage vor meiner Aufnahme aufgeregt. Am entscheidenden Tag, als ich aufwachte, mich frisch machte und meinen Kaffee genoss und nebenher meine Unterlagen packte, war ich gedanklich woanders.

**„Wird mir die Behandlung etwas bringen?“**
**„Schaffe ich das?“**
**„Können sie mir wirklich helfen?“**
**„Wie wird mein Leben danach aussehen?“**

Ich bin mir sicher, dass einige diese Gedankensprünge kennen. Als ich vor dem Gebäude mit den verschiedenen Stationen, Eingängen und dieser Teststation stand, wusste ich erstmal gar nicht, wohin. Somit wurde die Aufnahme doch komplizierter, als ich dachte. Selbst jetzt muss ich darüber lachen. Die Pandemie war auch in den weiteren Jahren ein alltäglicher Begleiter. Nur die Regeln wurden zum Glück drastisch gelockert. Ich war zwar dreimal geimpft, habe mich dennoch einem Test unterzogen. Als ich auf mein Ergebnis gewartet habe, suchte ich die verfluchte Aufnahmestation. Ich habe sie nicht gefunden, war ständig falsch und wurde daraufhin immer wieder hin und her geschickt. Ich wiederhole mich gerne wieder, ich lache immer noch darüber. Kein Witz, denn ich bin einfach an dieser bestimmten Türe vorbei gelaufen. Ich muss allerdings schon sagen, dass die Türe auch nicht nach einer Aufnahme aussah.

Dumm nur, dass groß „Notfallambulanz" oder so ähnlich an der Türe stand. Wer lesen kann, ist klar im Vorteil, oder?

Peinlich war mir das nicht. Im Gegenteil, die Dame, die mich aufgenommen hat, musste wie ich darüber lachen. Und schon ging die Aufnahme schnell und reibungslos weiter. Danach durfte ich auf die Station. Ich spürte, wie mein Puls aus dem Hals stieg, meine Adern sich zusammenrollten und wie meine Angst herauskroch. Es würde kein leichter Tag für mich sein. Es würden auch keine leichten Wochen für mich sein. Als ich ankam, wollte ich flüchten. Ich hatte große Angst. Die Angst, fehl am Platz zu sein. Zum Glück haben sich meine Ängste schnell gelegt und ich konnte schnell neue Kontakte knüpfen. Am selben Tag noch folgten einige Gespräche, Informationen und ich bekam auch schon Einblicke in die ersten Therapien mit meiner zugeteilten Gruppe. Ich war nur noch froh, wenn der Tag ein Ende fand. Für mich war der Tag extrem anstrengend. Es war mir viel zu viel auf einmal. Ich war das alles nicht mehr gewohnt. Ich hatte kein Gespür mehr für wichtige Informationen, Gespräche, das Zusammensein, Abläufe und so weiter. Am selben Tag noch bin ich zuhause ausgerastet und in Tränen ausgebrochen. Ich habe geflucht, gegen meine Couch geschlagen, geschrien und mich in einer Ecke verkrochen.

**„Warum ich?"**
**„Was habe ich der Welt getan?"**
**„Ich bin doch ein guter Mensch, wieso das alles?"**
**„Wohin mit mir?"**

Vor allem das „Warum ich?" hatte ich bildlich vor meinen Augen. Egal, wohin ich schaute, das „Warum ich?" war wie eine Anzeigetafel überall da. Ich war von meinem ersten Tag in der Tagesklinik so kaputt, dass ich sehr früh schlafen ging. In meiner ersten Woche passierte viel, allerdings nicht mehr so viel wie an meinem ersten Tag. Bist du neu, dann ist die ganze Aufmerksamkeit am Anfang auf dich gerichtet. Denn vieles wird in den Therapien erklärt und erzählt. Für ein Neuling wie mich war das zum Teil unangenehm, da ich es nicht mag, im Rampenlicht zu stehen, sondern ruhig zuzuhören. Nun ja, ich war halt neu und brauchte Informationen über die Abläufe der einzelnen Tage. In dieser einen Woche nahm ich meine gesundheitliche Situation noch ernster als die Monate zuvor. Ich konnte in meiner Anfangswoche schon einiges mitnehmen und begreifen. Persönlich möchte ich nicht intensiv ins Detail gehen, dennoch bin ich bereit dazu, meinen Tagesklinikaufenthalt zusammenzufassen. Schon in den ersten Tagen hat sich herausgestellt, dass meine alarmierende Gesundheit mit meiner Vergangenheit zu tun hatte. Gleichzeitig stellte sich heraus, dass meine vorigen Therapien nicht ausreichend und intensiv behandelt wurden. Sie waren nicht gut genug. Für mich war das schwer zu begreifen und ich wollte es auch nicht begreifen. Auch in diesem Moment kann ich es noch nicht begreifen, oder besser gesagt, akzeptieren. Da gebe ich mir jeden Tag große Mühe und trotzdem wird daraus nichts. Frustrierend! Deprimierend! Im Endeffekt waren meine vorigen Therapien für die Tonne. Je mehr ich mich an die Therapiestunden in der Klinik gewöhnte und vieles wahrnahm, desto öfter musste ich daran denken, dass meine therapeutischen Gespräche in der Tagesklinik immer mehr recht hatten. Vorige Therapien nicht ausreichen und bla bla. Meine Vergangenheit ist so gut wie kaum verarbeitet. Das führte in meiner Behandlungszeit sogar dazu, dass ich meinen linken Oberarm mit einer Glasscheibe aufschlitzte und ich mir wenige Wochen später eine Tasse auf den Kopf schlug. Es kam auch mal die Frage auf, ob ich in der Tagesklinik wirklich richtig sei und vielleicht nicht doch eine stationäre Behandlung besser für mich wäre. Ich wollte das nicht. Für mich wäre das ein zu großer Rückschritt gewesen. Heute denke ich darüber anders. Ich hätte zuerst in eine stationäre Behandlung gehen müssen und im Nachhinein eine Behandlung in der Tagesklinik machen müssen. Ich bin aber auch froh, dass mein Kopf durch den Schlag der Tasse keine Schäden verursacht hat. Nur die Wunde der Glasscheibe ist sichtbar und erinnert mich an diese Tat zurück.

In der Tagesklinik fiel mir die Kunsttherapie ultra schwer. Mir fiel es auch schwer, mich mit der Entspannungstherapie und mich mit der Gruppentherapie auseinanderzusetzen. Ab und zu kam es auch mal vor, dass mir die Sozialgruppe und die Musiktherapie schwergefallen ist. In der Kunsttherapie war es für mich ganz schwer, meine Gefühlslage aufs Papier zu bringen. Genauso fiel es mir schwer, meine Stärken aufs Papier zu bringen. Ich mag zwar die Kunst und auch zeichnerische Bilder, aber ich bin schon froh, ein Strichmännchen zeichnen zu können oder Smileys. Graffitis liegen mir da schon eher im Blut. Schön wild, ungenau, Freestyle und grenzenlos. Auf jeden Fall habe ich in einer Therapiestunde versucht, einen Hund zu zeichnen. Es sah am Ende nach keinem Hund aus, sondern nach einer Kuh. Da wollte ich schon aufgeben und am liebsten das Bild zerreißen. Meine Motivation ging dann auch jede Stunde immer mehr flöten. Ich hatte keine Lust mehr, in der Kunsttherapie mitzumachen. Ich ließ mich aber nicht hängen und gab mir einen Ruck, um das Beste aus den ganzen Stunden zu machen. Ich druckte mir verschiedene Bilder aus, zeichnete sie mit Kohlepapier nach und malte sie mit Filzstiften aus. Irgendwann bin ich an einer Actionfigur hängengeblieben. Als ich in einem Gespräch mal gefragt wurde, als welche Actionfigur sehe, habe ich mich schnell auf Captain America geeinigt. Ich setzte Captain America auf einem Bild um und war wirklich stolz auf mich. Es war sehr lange her, mal stolz auf sich sein zu dürfen und zu können. Das war ein schöner Moment und kannte ich so gut wie nicht mehr. Captain America besitzt eine metallische Stärke, besitzt allgemein eine hohe Geschwindigkeit, hat eine enorme Ausdauer, ist ehrlich, ist mutig, befehlsorientiert und kämpft gegen das Böse. Sein Schutzschild ist sein treuer Begleiter. Er ist einfach ein Held. Manchmal vergleiche ich mich mit Captain America. Ich wünsche mir oft, dass ich viele Menschen retten und beschützen könnte. Genauso jedem einzelnen schwachen Menschen helfen zu können, aber nicht um ein Held zu sein. Nein, sondern, dass jeder auf dieser Welt ohne Gewalt, Hunger, Geldprobleme und allgemein ohne Sorgen leben kann. Klar, sind Aussagen mal dahin geredet, aber es gibt oft Situationen, wo ich Obdachlose Essen kaufe und sich das bestätigen lässt, dass niemand leiden sollte. Das mag für manche echt übertrieben klingen, was die oberen Sätze aussagen, dann soll es auch so sein, aber ich wollte schon in meiner Kindheit Polizist werden und es zerstört mich innerlich, diesen wirklich interessanten Beruf nicht ausüben zu können. Meine Körpergröße spielt nicht mit und durch meine Traumaerfahrungen ist es leider genauso nicht möglich, als Polizist für Sicherheit, Schutz und Ordnung zu sorgen. Auch wenn die Chancen von Jahr zu Jahr weniger werden, hoffe ich dennoch, dass die Voraussetzungen weiter gelockert werden. Obwohl. Da ich immer mehr Tattoos habe, denke ich weniger. Aber auch da hoffe ich auf Lockerungen. Ich persönlich wäre schon glücklich, wenn es eine Tätigkeit bei der Polizei im Büro wäre.

Meine berufliche Situation war auch ein Thema in der Tagesklinik. Was habe ich gelernt? Was ist mein aktueller Beruf? Was sind dort meine Aufgaben? Standardfragen eben. In einem Baumarkt mal zu arbeiten, war damals für mich eine Notlösung. Ich habe direkt nach meinem Hauptschulabschluss angefangen, mich für verschiedene Ausbildungsplätze zu bewerben. Da ich noch die Mittlere Reife machte, hatte ich genügend Zeit. Die Zeit flog schneller, als ich schauen konnte. Ich bekam nur Absagen. Hatte vielleicht gerade mal drei Vorstellungsgespräche, wodurch eins davon ja klappte. Ich bewarb mich beim Zoll, in Fitnessstudios, bei der Deutschen Bahn, im Sicherheitsdienst und auch in zahlreichen Einzelhandelsgeschäften und das auch noch zusätzlich in meiner Heimatstadt. Am Ende wurde es ein Baumarkt. Knapp sechs Monate habe ich gebraucht, um etwas zu finden. Entweder waren meine Noten nicht optimal, oder sie gaben Rückmeldungen, die mich verletzten. Zu schlecht, eben um arbeiten zu dürfen. So hat es sich auf jeden Fall angefühlt. Nicht mal eine Chance bekommen, um sich zu beweisen. Das warf mich immer wieder zurück. Natürlich war ich nicht der Einzige, der Probleme bei der Berufsorientierung hatte. Einige aus der Tagesklinik ging es ähnlich. Bloß, dass sich einige anders orientieren wollten. Da hing es meistens mit den absolvierten Qualifikationen zusammen. Echt traurig, dass die Chancen mit einem niedrigen Abschluss oder mit schlechteren Noten auf einen Job abwertend sind!

Zurück zum Thema. In der Gruppentherapie, oder besser gesagt im Gruppengespräch, hatte ich sehr viel zu kämpfen. Es ging um verschiedene Themen, die auch mal echt heftig waren. Es gab nur selten Stunden, in denen ich meine Sensibilität zurückhalten konnte. Ansonsten haben mich so gut wie alle Themen betroffen und meine Emotionen schnell kippen ließen. Es hat sich aus meiner Vergangenheit vieles gezeigt, mich dabei eingeholt und mich in Flashbacks versetzt. Teils war ich wie Stein und nahm kaum noch etwas um mich herum war. Mich traf es auch ebenfalls sehr, wenn meine Mitteilnehmer und Mitteilnehmerinnen dasselbe erlebt haben oder auch so negativ behandelt wurden. Dagegen sind die beruflichen Themen echt ein Witz. Ich lernte durch die Gruppengespräche noch mehr das Wort Respekt kennen. Mit noch mehr Respekt und Empathie mit meinen Mitmenschen zu begegnen und gleichzeitig haben mich diese intensiven Gespräche stark verändert. Ich bekomme auch oft Feedback von meinen engsten. Ein Feedback, das aufgebaut, weil sich vieles getan hat. Die Gruppengespräche waren kein Zuckerschlecken. Gefühlt haben sie jedes Mal meine Stimmung versaut, aber ich habe das gebraucht, um mich in der Hinsicht weiterentwickeln zu können. Im Leben gibt es Themen, womit eine größere Auseinandersetzung nötig ist, um zu wachsen. Was mir immer in meiner Behandlungszeit Spaß gemacht hat, war das Zusammensein mit meinen Mitmenschen, der Kaffee auf der Mini-Terrasse, das Tischkickern, das Tischtennisspielen, die freien Pausen in der Stadt und der „Sport". Es war jetzt kein richtiger Sport. Also geschwitzt habe ich nicht. Es war ziemlich locker. Wir haben sehr oft Gymnastik gemacht und spielten Spiele wie zum Beispiel Wikingerschach. Da Sport ein großer Teil meines Lebens war, mir aber die intensive Kraft fehlte, aktiv damit dranzubleiben, habe ich mir damals das Ziel gesetzt, wieder aktiv mit dem Teamsport zu beginnen. Stand heute, dem 22.02.2023, wo ich am diesem Buch geschrieben habe, habe ich es nicht geschafft, dies zu tun. Das Thema Sport soll auch erstmal in Ruhe Verdrängt sein und so bleiben und ein Thema bei meinem Psychiater sein. Die Musiktherapie hatte kleine Phasen, in denen mich die Vergangenheit eingeholt hat. Phasen, in denen Melodien traurig klangen. Das erinnerte mich oft an meine Beziehungen, die ich in meinem Leben hatte. Erinnerungen an zwei wunderbare Frauen, die ich kennenlernen durfte und bei denen leider die Beziehung scheiterte. Ich spielte bei der Musiktherapie oft so ein Instrument. Einen Karton? Ich habe es gerade gegoogelt und hoffe, es ist richtig. Cajon müsste mein Karton heißen. Dies habe ich sehr gefeiert und auch das Spielen der Gitarre überzeugte mich. Ich werde mir, sobald der Zeitpunkt gekommen ist, eine Gitarre kaufen und damit fleißig üben. Generell ist Musik mein täglicher Begleiter. Ohne Musik läuft es wirklich gar nicht. Ich höre von Deutschrap, Rap allgemein, Rock, Pop, Latin bis hin zu den 80ern und 90ern alles. Nur Schlager und klassische Musik müssen echt nicht sein. Besonders ein Musiker hat es mir echt angetan. Fanboy Marco Style. Seit 2015 höre ich durchgehend den Rapper Kontra K. Seine Musik und seine Texte berühren mich, seine Texte erzählen, beschreiben Wahrheiten und sie beschreiben die Realität. Seine Musik gibt Mut und baut auch einen auf. Kontra K hat auch Songs, die sehr Tiefgründig sind. Songs, die in eigene Situationen passen. Dennoch sind die Sätze in seinen Songs Wahrheit. Ich bin so fest von Kontra K überzeugt, dass ich mich auch tausendmal wiederholen kann. Seine Musikvideos sind wie richtige reale Filme und seine Konzerte wie Shows! Leute, geht zu seinen Konzerten. Das ist eine andere Liga, das kann ich versprechen.

Im Sommer 2018 war ich auf einem Open-Air-Konzert in Stuttgart. Seitdem gehe ich bei jeder Tour auf eines seiner Konzerte. Da spielt es keine Rolle, ob es in Leipzig oder ob es in meiner Heimatstadt stattfindet. Ein Konzert während seiner Tour ist Pflicht!

Einmal durfte ich in der Tagesklinik einen Song von ihm abspielen lassen. Ich wählte natürlich mein absolutes und aktuelles Lieblingslied „Wieder 2015“ aus. Wir sollten gemeinsam als Gruppe aufmerksam zuhören und nach dem Song reflektieren. Reflektieren in der Hinsicht, was es in uns auslöst, was es mit uns macht und auch, ob wir den Song gut finden. Ich war von den verschiedenen Meinungen nicht besonders überrascht. Ich konnte innerlich aufmerksam Zustimmen, was mein Umfeld zum Song „Wieder 2015“ reflektierte.

In jeder Therapiestunde ging es um Achtsamkeit, reflektieren über die Gefühle und um Rückmeldungen. Es ging darum, sich selbst nicht negativ zu bewerten, sondern zu lernen, Situationen anzunehmen und zu akzeptieren. Wir Menschen können zwar nicht alles, aber dann gilt es, das zu akzeptieren und darauf hinzuarbeiten, dies auszubessern. Nur mal so, wenn wir uns Mühe geben bei einer Sache, die für uns nicht einfach ist, dann sollten wir uns nicht etwas vorwerfen, wenn wir versagen. Das ist natürlich kein Schritt einfach. Dieses „Ich kann nichts", „Ich bin eh ein Versager, weil ich nichts hinbekomme" geht auch von heute auf morgen nicht einfach so weg. Es ist natürlich sehr schwer, so etwas anzunehmen. Vor allem Akzeptanz zu schöpfen. Für mich ist das genauso sehr schwer und ich kämpfe auch heute noch sehr damit, mich nicht so niederzumachen, sondern die Situation anzunehmen und zu akzeptieren. Die Zeit in der Tagesklinik ging echt schnell vorbei. Wir planten eine Wiedereingliederung, stellten gleichzeitig einen Gleichstellungsantrag und vieles weitere. Leider wurde meine Wiedereingliederung abgelehnt, aus Respekt werde ich hier nicht näher darauf eingehen. In der Tagesklinik hatten wir allerdings schnell, was meine berufliche Situation betrifft, eine andere Idee. Dennoch habe ich sie bis heute und auch nach meiner Entlassung nicht in Angriff genommen. Wenn ich heute darüber nachdenke, dann war es aus Gründen, die mit Ängsten verbunden waren. Aber auch, weil ich meine Kollegen und Kolleginnen sehr gerne habe! Es waren Ängste, die ich nicht beschreiben kann, aber dafür akzeptieren kann. Leider hatte ich somit keine Perspektive und fiel stattdessen nur wenige Wochen nach meiner Entlassung aus der Tagesklinik radikal zurück. Am 06.08.2022 habe ich versucht, mir das Leben zu nehmen. Ich trank erstmal zwei Dosen Hugo nüchtern auf ex hinunter. Nüchtern und kaum Wasser intus, nimmt das schon einen mit. Ich machte aber weiter, weil mir alles egal war. Also trank ich danach fast die komplette Hugoflasche zuhause leer, nahm zusätzlich noch drei Antidepressiva und mein Körper war somit etwas bedient. Junge, das hat schön reingehauen. Ich konnte nicht mehr selbst den Rettungsdienst rufen. Mein Opa tat dies. Bevor ich mir den Rest gab, habe ich meinen Opa darum gebeten, den Rettungsdienst zu rufen. Die Polizei kam auch, die wollten allerdings nur mein Verbrecherfoto auf meinem Ausweis sehen. Ich habe während meines Konsums noch einige Sätze an den Kopf geknallt bekommen. Das gab mir den Rest und für mich machte es noch weniger Sinn jeden Morgen „Hallo Welt“ zu sagen. Meine Erinnerungen sind lückenhaft. Der Rettungsdienst tat mir leid. Ich habe mich oft entschuldigt, weil sie wegen mir los mussten, damit meine ich, dass ich mich als gestörten bezeichnet habe. Im Nachhinein bin ich einfach nur froh, dass mir nichts Schlimmes passiert ist und ich auch ein wenig Glück hatte. Zack, geschlossene Psychiatrie. Ausgangssperre. Super, Marco, toll gemacht. Drei Tage war ich auf der geschlossenen Station. Es war echt hart, wie der Stationsarzt oder so mit mir umgegangen ist. Er war ziemlich angriffslustig. Bis heute verstehe ich seinen respektlosen Umgang mit mir nicht. Dennoch möchte ich hier und jetzt etwas klarstellen. Niemand, aber auch wirklich niemand, soll einen Suizid unterschätzen. Das ist und bleibt ein sehr ernstes Thema und das Thema soll auch ernst genommen werden!!!

Wenn Suizidgedanken aufkommen, dann bitte ich, in Deutschland direkt die **112** zu wählen und nicht wie ich einfach zu warten! Nach meiner Entlassung aus der geschlossenen Psychiatrie kam ich mir wie ein Hartz-IV-Empfänger vor. Denn ich war weiterhin arbeitsunfähig und musste mich irgendwie beschäftigen. Ich probierte einiges aus, um mir eine „gute“ Routine zu erarbeiten. Am Ende legte ich mich auf zwei, drei Sachen fest. Morgens nach meinem Frühstück eine Stunde mit Musik spazieren gehen, jeden Tag ein Mandala malen, jeden Tag mindestens dreißig Minuten lesen und der Rest war spontan. Das klappte sehr gut. Da ich auf meinen ersten Termin bei meinem Psychiater noch einige Wochen warten musste, war auch eine Wiedereingliederung weiterhin keine Option für mich. Was mich traurig machte. Ich wollte wieder arbeiten. Wollte das Team unterstützen und einfach nur noch loslegen. Ein Neustart ins Arbeitsleben kommt erst in Frage, sobald feste Termine bei meinem Psychiater stehen. Es hieß für mich, brav durchhalten und weiter mit dem Kopf nach vorne schauen und nicht den Kopf unten zu lassen. In dieser „freien“ Zeit ließ ich mir nochmal Tattoos stechen, fuhr oft nach Stuttgart, ging sogar einmal ins Stadion, traf mich mit engen Personen, die mich bis heute kraftvoll unterstützen und fuhr sogar im Dezember für wenige Tage nach Leipzig. Wozu ich dazu gleich sagen muss, dass dort Kontra K spielte. Es tat mir so gut. Es tat mir gut, keine Verpflichtungen zu haben, spontan zu sein, nur auf mich zu hören und wieder kleine Momente genießen zu können. Das Konzert war auch einfach mehr als wunderschön. Ich kann es kaum erwarten, bis neue Termine veröffentlicht werden. Nicht jeder Tag lief blendend und gut ab, wäre auch zu einfach gewesen. Tage, an denen Menschenmengen ab und an ein Problem darstellten und an denen auch andere Schwierigkeiten meinen Kopf kontrollierten. Aber ich konnte mich leichter aus dem Loch holen und doch noch einen halbwegs „guten“ Tag daraus machen.

Als mein Termin bei meinem Psychiater stattfand, hatte ich schon einige Bedenken. Zweifel kamen auf, ob ich ihm vertrauen kann und ob er mir glaubt. Seit dem ersten Termin ist unser Verhältnis gut. Ich vertraue ihm. Ich kann ohne Probleme über meine Gefühle reden. Humor hat er auch und das mag ich sehr. Selbstverständlich gibt es Punkte, die ausbaufähig sind und noch nicht wunderbar laufen, aber die Zeit wird kommen, ab der auch diese Punkte leichter werden. In den letzten Wochen bevor das neue Jahr startete, gab es für mich doch noch kleine Punkte, wo das Jahr ein teils gutes Ende nahm. Als Geschenk, und auch als Neustart, bekam ich endlich das Go, wieder arbeiten zu dürfen, und somit planten mein Hausarzt und ich meine Wiedereingliederung. Ich wurde mit neuer Kraft und Energie befüllt und das gab mir neuen Mut, nach vorne zu schauen. Mut, sich weiter zu Entwickeln. Selbstverständlich wird nicht jeden Tag alles wunderbar, schön, gut und sonst was sein. Aber wer wirklich will, der findet immer einen Weg, egal aus welcher Situation und auch aus einem Tag. Wichtig ist, und das gilt es für jeden Tag, nicht an gestern zu denken oder an morgen. Sondern aus der aktuellen Situation und aus dem aktuellen Tag das Beste zu machen!

# 6 Angst und die Zukunft

- Angst, wieder abzustürzen
- Angst, wieder in alte Muster zu verfallen
- Angst, ob die Therapien ausreichend waren
- Angst, sich selbst zu bestrafen
- Angst, dass meine Gedanken wieder in ein Chaos ausbrechen
- Angst, keine Nähe zulassen zu können
- Angst, dass meine Zukunft den Bach runtergeht

Auch wenn es mir wieder ein deutliches Stück besser geht, bleiben meine Ängste wie ein Schatten an mir hängen. Die Ängste sind und bleiben nicht unbegründet. Ich lege meine Beine dafür ins Feuer, dass einige selbst diese Sätze im Kopf haben. Ja, ich habe Angst. Besonders habe ich Angst, in alte Muster zu verfallen und mich dabei selbst dafür zu bestrafen. Ich frage mich sowieso schon, warum die Angst einen so kontrollieren kann? Wieso Angst auch einem die Kraft raubt? Wieso Angst einen in die Stille treiben lässt und einen dann noch nachdenken lässt? Eine Erklärung zu finden ist äußerst schwer. Falls jemand da draußen eine Antwort darauf haben sollte, der soll mir auf Instagram eine Nachricht hinterlassen.

Me: _theminion_

Ich bin dafür sehr dankbar und werde es auch für immer sein!

Nichtsdestotrotz habe ich wirklich Panik, dass meine Therapien wieder nicht ausreichend sind und dass auch die aktuelle Therapie bei meinem Psychiater nicht ausreicht. Aber auch hier gilt, nicht so weit zu denken. Oder was ist, wenn die Krankenkasse wieder ein Schreiben schickt, dass sie erneut meine Kosten nicht mehr übernehmen werden und dann meine Maßnahme einfach so kündigen?

Klar ist das jetzt unwahrscheinlich, aber genau diese Gedanken mache ich mir eben und bestimmt auch weitere, die von diesem Thema betroffen sind und gerade mein Buch in der Hand halten. Ich zerbreche mir echt den Kopf darüber. Auch was allgemein die Suche nach Psychiatern betrifft. Wie wird es wohl in den nächsten Jahren sein?

Denn in der heutigen Zeit wird es von Tag zu Tag schwieriger, einen Platz zu finden. Wie sieht es dann wirklich in den nächsten Jahren aus?

Bin ich dann endgültig auf mich alleine gestellt? Und wie rede ich dann wieder über meine ganzen Lasten?

Kann ich die Nähe zulassen, falls dieser Zeitpunkt eintritt? Wie soll ich mich gesundheitlich über Wasser halten, wenn meine zukünftige Frau nicht mehr weiß, wie Sie mir helfen kann und mich dann dabei verlässt? Oder sie selbst in Depressionen verfällt? WIe kann ich dann beitragen, dass sie weiterhin bei mir in sicheren Händen ist?

Mit heutigem Stand habe ich weder eine feste Frau noch eine feste Freundin, aber was wäre, wenn auch dieser Zeitpunkt kommt? Es zerreißt mich, mit einer Unsicherheit klarzukommen. Eine Ungewissheit, die meine Zukunft betrifft. Und wie soll ich mich gesundheitlich über Wasser halten, wenn meine engsten Freunde nicht mehr wissen, wie sie mir aus der Kacke helfen können? Kommt es dann zu einer Wiederholung wie im August letzten Jahres? Kommt es dann wieder zu einer Situation, in der die Rettungskräfte keine Chance mehr haben und nichts mehr für mich tun können? Oder schaffe ich es rechtzeitig, die geschlossene Psychiatrie zu besuchen?

Das macht mir echt große Angst.

Genauso beruflich nicht mehr zu hundertprozentig einsatzfähig sein zu können. Ich bin ein Typ, der wirklich gerne arbeitet und auch dafür brennt, denn es gibt leider Menschen, die gerne arbeiten gehen wollen, es aber aus verschiedenen Gründen nicht mehr können. Deshalb schätze ich meine Arbeit sehr und bin dankbar, sie noch durchführen zu können. Aber was ist, wenn ich wirklich nicht mehr zu hundertprozentig arbeiten gehen kann? Ehrlich?

Das würde mich fertigmachen. Ich habe Angst davor, dass es eines Tages dazu kommen wird. Hätte keinen PLan, wie ich damit umgehen würde.

Selbstverständlich gilt es, von Tag zu Tag zu schauen und nicht den Kopf mit diesem Thema voll zu haben, aber dennoch mache ich mir Gedanken darüber und bin mir sicher, dass dies einige andere auch tun. Ich habe Angst, dass meine Zukunft den Bach runtergeht und all meine Mühen umsonst waren. Aber auch hier gilt es, von Tag zu Tag zu schauen und zu versuchen, nicht nur das Negative in allem zu sehen. Es gilt, aus jedem verdammten Tag das Beste zu machen. Ich muss leider Gottes immer noch lernen, dass auch nur dreißig, fünfzig und siebzig Prozent Leistung am Tag in Ordnung sind! Es sind die eigenen zu hohen Erwartungen, die einem auch die Kraft rauben können.

Ich hoffe, schnellstmöglich für all meine Sorgen eine Lösung zu finden und auch zu verstehen, warum die Angst ein treuer Schatten von mir ist. Es wird Zeit benötigen. Es wird aber auch Kraft, Ausdauer und Disziplin benötigt. In wenigen Wochen folgt mein zehntes Tattoo. Es wird auf meinen linken Arm tätowiert und es wird nicht gerade klein. Auf meiner Haut wird ein Adler platziert, der für Mut, Stärke, Disziplin und Willenskraft stehen wird. Ich kann es kaum noch erwarten. Stand heute, dem 20.04.2023, geht es mir psychisch schwankend hin und her. Ich habe im Januar diesen Jahres bis Ende Februar meine Wiedereingliederung absolviert. Seit März arbeite ich wieder Vollzeit und seitdem habe ich wieder Probleme, eine Routine für mich zu finden. Ab und zu packt mich die Angst, neue Schritte zu machen. Dennoch habe ich es durch meinen Psychiater geschafft, mich erneut in einem Fitnessstudio anzumelden. Gerade bin ich mal froh, mindestens zweimal pro Woche hingehen zu können. Mir fehlt es oft an Energie dranzubleiben. Bei der Arbeit tu ich mir auch noch schwer ein paar Gänge runterzuschalten. Ich bin nun mal ein crazy Typ, der alles an einem Tag erledigt haben möchte und am besten alles genau tun möchte. Dann interessiert es mich auch nicht, mal in drei oder vier Stunden drei Paletten Ware verräumt zu haben. Oder in wenigen Stunden gefühlt, mit einem Besen den Boden geschrubbt zu haben. Aber Ware verräumen bockt einfach und könnte ich auch nachts tun. Nur leider mache ich das mit einer Geschwindigkeit, in der sogar Usain Bolt das Nachsehen hat oder hätte. Man, klingt das angeberisch. Mein Kreis weiß was ich damit meine und andere die meinen mich zu kennen, quatschen nur darüber blöd. Leider ist das eine traurige Wahrheit. Nach den Schichten bin ich hin und wieder sehr erschöpft. Es kam auch schon vor, dass ich mich an meinen freien Tagen isoliert habe und mir die Kraft gefehlt hat, rauszugehen. Wenn ich Termine hatte, dann habe ich sie allerdings durchgezogen und habe sie nicht abgesagt. Das war die letzten Monate, oder besser gesagt Jahre, echt eine harte Nummer. Von Fressattacken bleibe ich auch weiterhin nicht verschont. Mal sind sie stärker und mal schwächer, aber kaum verändert. Abführmittel sind auch weiter im Spiel. Ich bin noch nicht stabil genug, eine Lösung für den Mist zu finden. Frust bleibt Frust. Mein Konsum an Alkohol ist deutlich weniger geworden. Dennoch gibt es immer wieder Momente, in denen ich mir kurz einen puren Jägermeister reinkippe. Manchmal auch auf nüchternen Magen eine kleine Wodkaflasche. Meine Wutausbrüche kann ich relativ gut in Schach halten. Leider habe ich schon einen kleinen Rückfall bezüglich der Selbstverletzung gehabt und hoffe, dass es nicht wieder zur Routine wird. An einem weiteren Buch arbeite ich schon, denn ich bin bereit, eine Fortsetzung über meine Gedanken, Emotionen, Gefühlen und über weitere Momente in meinem Leben zu schreiben. Es wird nicht in einem Jahr veröffentlicht. Zeitlich ungewiss, da ich noch mehr Arbeit reinstecken möchte. Mehr Text, mehr erlebte Situationen jeweils Negativ und Positiv und weiter.

# 7 Dankbarkeit

Wir sind im letzten Kapitel meines Buches angekommen. In diesem Kapitel möchte ich mich bei einigen bedanken. Ich nenne aus Respekt keine Namen, aber ich bin mir sicher, dass sich einige angesprochen fühlen werden. Kommt nur darauf an, ob sie das Buch auch lesen werden. Das bleibt aber jedem frei überlassen.

Ich bedanke mich von Herzen bei allen Menschen, die in meinem Leben waren und auch die zum Teil noch heute in meinem Leben sind. Jeder von euch war für mich eine Lehrstunde und das seid ihr zum Teil heute auch noch für mich. Einzelne Streitereien waren für mich zwar mit Schmerzen verbunden, aber sie brachten auch Erfahrung. Es tut mir auch leid, wie sich meine Wege zu einzelnen Personen getrennt haben. Auch was das Sportliche betrifft. Es tut mir leid, dass ich euch einfach ohne ein Wort verlassen habe. Es gibt Tage, da bereue ich mein Vorgehen sehr. Ich hätte mich mal melden oder mich mal blicken lassen können, nur leider war das alles schon zu spät. Ich hoffe, Ihr könnt mir verzeihen. Ich habe auch ein schlechtes Gewissen, was die Zeit in meiner Berufsschule betrifft. Mädels, ihr wart da für mich, während ich euch nur geistig zur Seite stand. Ich finde leider keine passenden Worte für unsere Zeit, weil ich das wirklich selbst verbockt habe. Ihr geht euren Weg und gebt nicht drauf, was auch immer für ein Mist andere über euch denken und das bewundere ich an euch sehr. Dennoch wünsche ich jedem Einzelnen, egal ob die Personen in meinem Leben noch eine Rolle spielen oder auch keine Rolle mehr spielen wird, von tiefstem Herzen nur das Allerbeste. Ich wünsche euch viel Gesundheit, Kraft und Mut. Bleibt bitte so wie ihr seid und steht für eure einzelnen Werte ein. Des Weiteren möchte ich mich von Herzen bei einigen Lehrern und Lehrerinnen, die immer an mich geglaubt haben, bedanken. Sie haben in mir nur das Gute gesehen, haben mich bei meinen schulischen Problemen unterstützt und standen mir zusätzlich auch bei meinen privaten Problemen an meiner Seite. Sie gaben mir viel Mut und Zuspruch, an meine innere Stärke zu glauben. Ich hoffe, ich konnte ihnen mit meiner ruhigen Art und Hilfsbereitschaft vieles zurückgeben. Von Herzen wünsche ich ihnen allen weiterhin nur das Allerbeste. Meine Dankbarkeit widme ich auch von tiefsten Herzen meinen Betreuern und Betreuerinnen, die ich in meiner Jugendzeit und gleichzeitig in meiner Wohngruppenzeit kennenlernen durfte. Ihr habt mir auf verschiedene Weisen viele neue Wege zeigen können. Ihr wart da, wenn es gebrannt hat. Ihr wart da in jeder jeglicher Notlage. Ihr hattet für alle immer ein offenes Ohr. Ihr habt euch jeden Tag die Mühe gegeben, uns mit einem guten Gefühl ins Bett gehen zu lassen. Auf euch war immer Verlass, selbst dann, wenn es sehr schwierige Situationen gab. Unsere Ausflüge und Freizeitaktivitäten waren schöne Momente fürs Leben und ich denke auch heute noch an die schöne Zeit zurück. Wir waren eine wunderbare Wohngemeinschaft und ich hoffe, dass wir uns alle bald wiedersehen. Ich bin sehr dankbar für diese Zeit, denn genau diese Zeit mit euch formte meine Persönlichkeit und machte meinen Charakter stärker. Meine Dankbarkeit geht auch an alle Kliniken und das zugehörige Personal von Rettungskräften bis hin zu dem Pflegepersonal, Reinigungskräften, Therapeuten und der medizinischen Versorgung im Allgemeinen. Danke für jede Unterstützung und für die Wertschätzung. Danke für das tägliche Essen. Geschmack spielte dabei keine Rolle, sondern den Wert, etwas zu haben, auf das andere Menschen auf der Welt wenig Zugang haben! Das vergessen wir in der Gesellschaft immer mehr. Ich weiß nicht, wie ich mich noch anders bedanken kann. Ich habe auf jeden Fall überall supernette und tolle Menschen kennenlernen dürfen. Es war nicht alles ein Zuckerschlecken. Ihr musstet Geduld und auch viele Nerven aufbringen. Auch mein Hausarzt hatte es definitiv nicht leicht mit mir, aber ich weiß, dass ich jederzeit bei ihm ohne schlechtes Gewissen willkommen bin. Danke dafür. Für jeden einzelnen wünsche ich nur das Allerbeste, viel Durchhaltevermögen, Kraft und selbstverständlich das Allerwichtigste, Gesundheit.

Als vorletztes möchte ich mich von tiefstem Herzen bei allen Kollegen und Kolleginnen bedanken. Ich schätze eure Hilfe in jeder Form enorm. Jede Arbeitsstunde hat zum Großteil meine Last in den Hintergrund gespült. Es gab Momente und gibt Momente, die ich niemals vergessen werde. Mir wird es eines Tages extrem schwerfallen, euch verlassen zu müssen. Denn ich finde bestimmt nicht mehr so wundervolle und verständnisvolle Leute, wie ihr es seid! Falls der Tag mal kommen sollte und der Tag wird kommen, an dem ich euch verlassen werde, um mich beruflich weiterentwickeln zu können, spreche ich euch persönlich nochmal ein großes Dankeschön aus. Mir bleibt aber gerade keine andere Wahl, es jetzt hier auch zu tun. Auch wünsche ich euch allen von Herzen nur das Allerbeste, bleibt bitte so, wie ihr seid, bleibt alle gesund und hört niemals auf, an euch zu glauben!

Ihr werdet mir eines Tages sehr fehlen.

Zu guter Letzt bedanke ich mich bei meinem engen kleinen Kreis. Ich weiß, dass es für euch in der letzten Zeit nicht einfach war. Ihr hattet keinen Plan, wie ihr helfen hättet können. Ihr habt versucht, an mich heranzukommen, habt mir Mut zugeredet und habt versucht, mich immer wieder aufzubauen. Leider war damit kein Erfolg in Sicht. Ihr habt mich trotzdem nicht hängen lassen und seid jetzt noch stärker an meine Seite herangewachsen. Ich bin keine leichte Person, aber ihr seid die Letzten, die mich verurteilten oder mich kleingeredet haben. Nein, ihr habt in meinen Augen sehr viel Verständnis gezeigt und wart von mir kaum enttäuscht. Als ich euch einen Schrecken eingejagt habe, habe ich gesehen, wer wirklich an meiner Seite steht. „Freunde", die sich nur gemeldet haben ohne ein jegliches „Wie geht es dir?", sondern stattdessen „Wie sieht xxxx aus?", „Bock was zu machen?" oder nicht mal „Hey" geschrieben haben, haben bei mir keinen Platz mehr in meinem Leben. Dankbar bin ich trotzdem. Auch wenn der kleine Kreis nur noch aus ganz ganz wenigen Personen besteht und es rein Ihr seid. Weiß ich, auf euch wird immer Verlass sein. Von euch wird immer Liebe, Wertschätzung und Akzeptanz da sein. Alles, was ihr mir gegeben habt und gebt, das gebe ich euch zurück und werde euch genauso niemals im Stich lassen. Eine Nachricht und ich werde vor eurer Tür stehen. Wenn euch jemand das Herz in tausend Teile bricht, dann bin ich es, der es mit Nadel und Faden zusammenflickt! Ich wünsche auch euch von Herzen und ihr wisst, es kommt von tiefstem Herzen, nur das Allerbeste. Ich wünsche euch Mut, Kraft, positive Energie und das Allerwichtigste im Leben, Gesundheit. Eure Probleme sind auch meine Probleme. Möge Gott euch beschützen und uns Frieden schenken. Auf die nächsten hundert Jahre. Viel Liebe geht an euch raus. Allgemein bin ich dankbar, ein Dach über dem Kopf zu haben. Dankbar für Trinken, Essen, Wasser, Klamotten und eine warme Heizung zu haben. Dankbar laufen zu können, sehen zu können, hören zu können und lachen zu können. Es gibt leider zu viele Menschen, die einiges davon nicht besitzen oder einiges nicht mehr können. Genau diese Menschen haben meinen größten Respekt und meinen Segen, denn genau diese Menschen lassen sich nie unterkriegen. Sie geben nicht auf und gehen Schritt für Schritt weiter. Ich schicke viel Liebe an diese Menschen, die so eine Tour durchmachen und leider auch müssen. Jedem Menschen da draußen wünsche ich von Herzen nur das Allerbeste. Jedem Menschen wünsche ich Mut, Kraft, schöne Momente und vor allem Gesundheit. Lebt euer Leben, denn wir haben alle nur ein einziges. Bleibt euch selbst treu. Glaubt an euch. Haltet euren Kreis klein und steht für eure Werte ein. Lasst euch nicht einreden, dass ihr etwas nicht könnt oder euer Ziel zu groß erscheint. Lebt! Und seid für alles dankbar. Seid dankbar für alles, was ihr habt. Schaut mit dem Herzen und ihr kommt weiter!

# Der Autor

Marco Fischer wurde 2000 in Bietigheim-Bissingen, Baden-Württemberg geboren. Ein Jahr nach seinem Hauptschulabschluss beendete er seine schulische Laufbahn mit einer Mittleren Reife. Heute ist er gelernter Kaufmann im Einzelhandel und wohnt im Landkreis Göppingen. In seiner Freizeit treibt er gerne Sport, liest, trifft sich mit seinen Freunden und erkundet auf Reisen die Welt.